PREFÁCIO POR RAD...

ORGANIZADO ...
FRANCES K. HAZLITT & HENRY HAZLITT

A SABEDORIA dos ESTOICOS

ESCRITOS SELECIONADOS DE
SÊNECA, EPITETO E MARCO AURÉLIO

- SEGUNDA EDIÇÃO REVISADA -

LVM

ORGANIZADO POR
FRANCES K. HAZLITT & HENRY HAZLITT

A Sabedoria dos Estoicos

ESCRITOS SELECIONADOS DE
SÊNECA, EPITETO E MARCO AURÉLIO

- SEGUNDA EDIÇÃO REVISADA -

PREFÁCIO POR **RADUÁN MELO**

TRADUÇÃO DE **PAULO POLZONOFF**

SÃO PAULO | 2022

LVM

Título original: *The Wisdom of the Stoic: Selections from Seneca, Epictetus and Marcus Aurelius*

Copyright © 1984: Frances K. Hazlitt & Henry Hazlitt © 2010 by Ludwig von Mises Institute

Os direitos desta edição pertencem à LVM Editora, sediada na
Rua Leopoldo Couto de Magalhães Júnior, 1098, Cj. 46
04.542-001 • São Paulo, SP, Brasil
Telefax: 55 (11) 3704-3782
contato@lvmeditora.com.br

Gerente Editorial | Giovanna Zago
Editor-Chefe | Pedro H. Alves
Tradutor(a) | Paulo Polzonoff Jr.
Revisão de tradução | Roberta Sartori
Revisão | Laryssa Fazolo
Projeto gráfico | Mariangela Ghizellini
Diagramação | Rogério Salgado / Spress
Impressão | Edigráfica

Impresso no Brasil, 2022
Dados Internacionais de Catalogação na Publicação (CIP)
Angélica Ilacqua CRB-8/7057

S119

    A sabedoria dos estoicos : escritos selecionados de Sêneca, Epiteto e Marco Aurélio / organização e introdução de Henry Hazlitt, Frances K. Hazlitt ; prefácio por Raduan Melo ; tradução de Paulo Polzonoff. — 2. ed. - São Paulo : LVM Editora, 2022.

    200 p. : il.

    ISBN 978-65-86029-62-8
    Título original: The Wisdom of the Stoic : Selections from Seneca. Epictetus and Marcus Aurelius

    1. Filosofia 2. Filosofia antiga 3. Estoicos 4. Roma 5. Educação clássica 6. Inteligência 7. Felicidade I. Hazlitt, Henry, 1894-1993 II. Hazlitt, Frances Kanes III. Seneca IV. Epicteto V. Marco Aurélio, Imperador de Roma, 121-180 VI. Melo, Raduan VII. Polzonoff, Paulo

22-1027   CDD-180

Índice para catálogo sistemático:
1. Filosofia antiga 180

Reservados todos os direitos desta obra.
Proibida a reprodução integral desta edição por qualquer meio ou forma, seja eletrônica ou mecânica, fotocópia, gravação ou qualquer outro meio sem a permissão expressa do editor. A reprodução parcial é permitida, desde que citada a fonte.

Esta editora se empenhou em contatar os responsáveis pelos direitos autorais de todas as imagens e de outros materiais utilizados neste livro. Se porventura for constatada a omissão involuntária na identificação de algum deles, dispomo-nos a efetuar, futuramente, as devidas correções.

SUMÁRIO

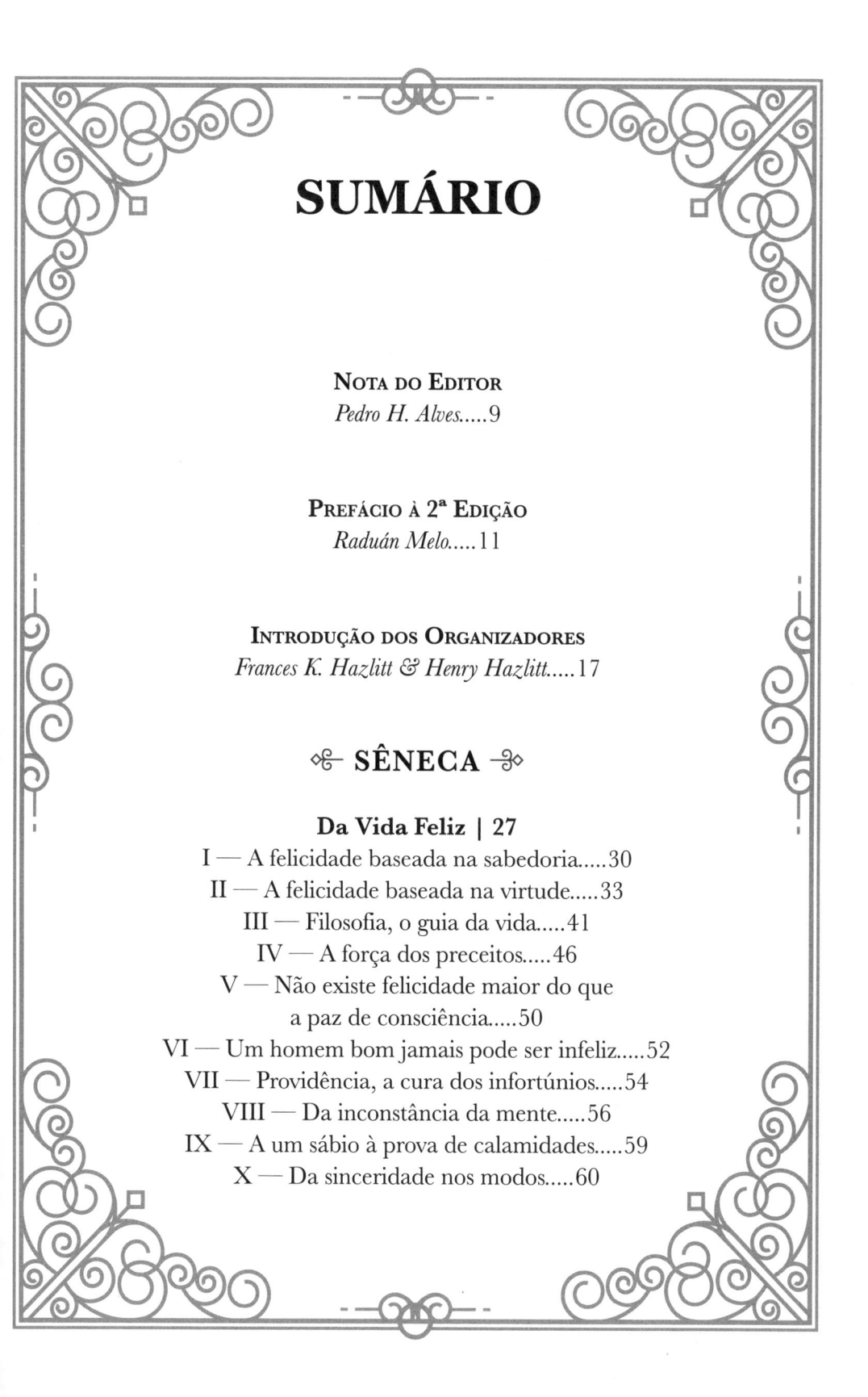

Nota do Editor
Pedro H. Alves.....9

Prefácio à 2ª Edição
Raduán Melo.....11

Introdução dos Organizadores
Frances K. Hazlitt & Henry Hazlitt.....17

❧ SÊNECA ☙

Da Vida Feliz | 27
I — A felicidade baseada na sabedoria.....30
II — A felicidade baseada na virtude.....33
III — Filosofia, o guia da vida.....41
IV — A força dos preceitos.....46
V — Não existe felicidade maior do que a paz de consciência.....50
VI — Um homem bom jamais pode ser infeliz.....52
VII — Providência, a cura dos infortúnios.....54
VIII — Da inconstância da mente.....56
IX — A um sábio à prova de calamidades.....59
X — Da sinceridade nos modos.....60

XI — A felicidade não pode nunca depender do acaso.....61
XII — O que se abate sobre um pode se abater sobre todos.....62
XIII — Uma vida sensual é uma vida infeliz.....63
XIV — Da avareza e ambição.....64
XV — As bênçãos da temperança e da moderação.....65
XVI — As bênçãos da amizade.....66
XVII — Consolações contra a morte.....66
XVIII — Dos benefícios.....67
XIX — De intenções e efeitos.....68
XX — Do juízo da concessão de benefícios.....69
XXI — Da questão das obrigações.....71
XXII — O modo de ser solícito.....72
XXIII — Da retribuição.....73
XXIV — De como deve agir o receptor.....73
XXV — Da ingratidão.....75
XXVI — Da raiva.....76
XXVII — Reprimindo a raiva.....76
XXVIII — Raiva: uma loucura passageira.....77
XXIX — O efeito da raiva.....78

Epístolas | 81
I — Da escrita e da oratória.....81
II — O conhecimento da virtude.....84

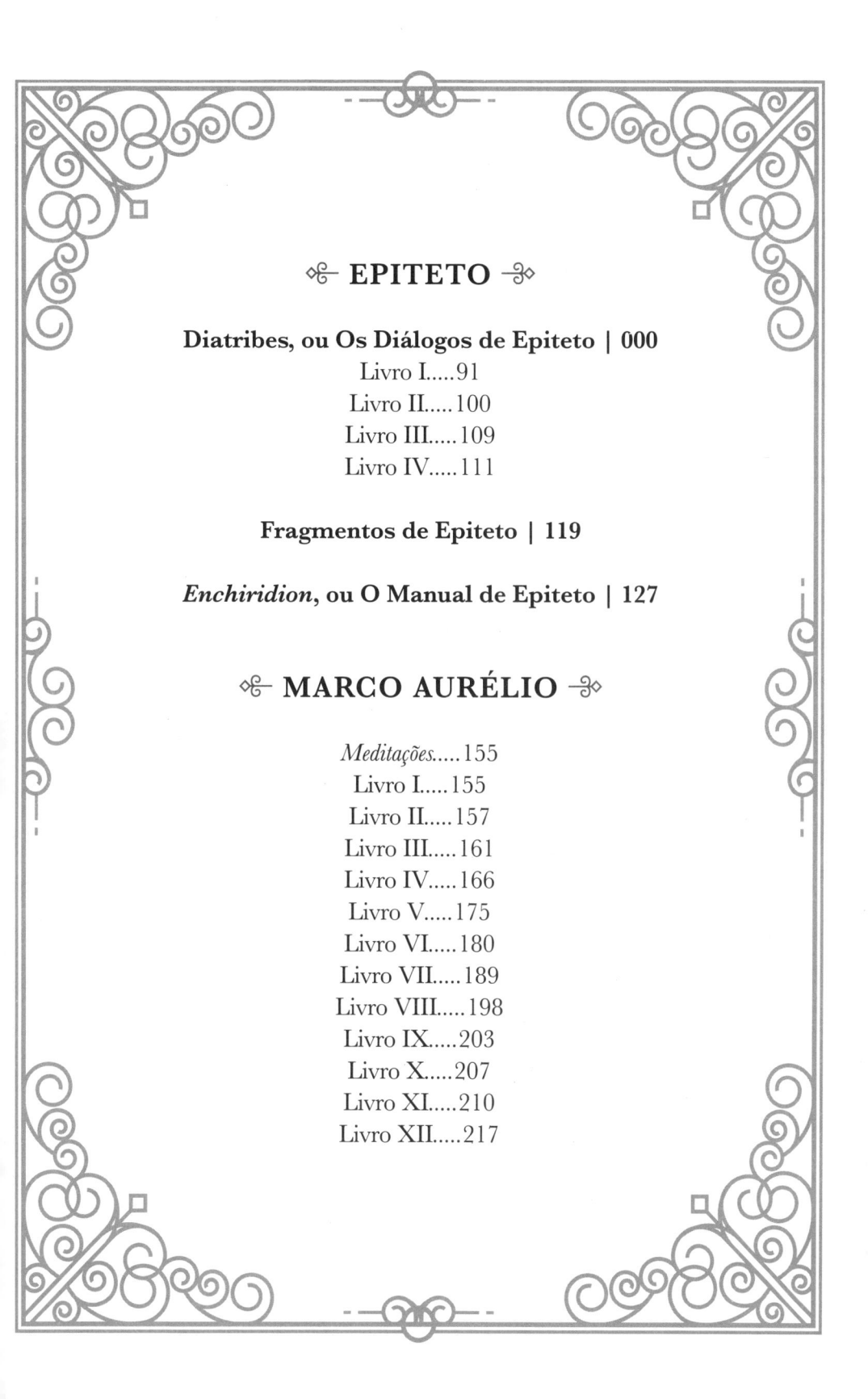

⊷ EPITETO ⊶

Diatribes, ou Os Diálogos de Epiteto | 000
Livro I.....91
Livro II.....100
Livro III.....109
Livro IV.....111

Fragmentos de Epiteto | 119

Enchiridion, ou O Manual de Epiteto | 127

⊷ MARCO AURÉLIO ⊶

Meditações.....155
Livro I.....155
Livro II.....157
Livro III.....161
Livro IV.....166
Livro V.....175
Livro VI.....180
Livro VII.....189
Livro VIII.....198
Livro IX.....203
Livro X.....207
Livro XI.....210
Livro XII.....217

NOTA DO EDITOR

Estimados leitores, *A Sabedoria dos Estoicos* é um dos maiores sucessos do Clube Ludovico desde o seu lançamento, e agora temos a imensa honra de relançá-lo ao grande público em versão brochura. O estoicismo é uma das mais antigas e bem-sucedidas escolas filosóficas da história humana, suas ideias, críticas e influências estendem-se do imperador Marco Aurélio ao escravo Epiteto, do filosófico cristianismo clerical de Santo Agostinho às intransigentes práticas de oração de Inácio de Loyola, da psicologia de Carl Jung aos abertos e fervilhantes espaços *business* de nosso mundo contemporâneo. É uma escola de pensamento que jamais esfria, uma matriz teórica que jamais sai de moda.

Atualmente não é necessário nenhum esforço para encontrarmos livros sobre o estoicismo, ou de pensadores inspirados pelos estoicos. Por tal motivo decidimos, em 2020, que lançaríamos um livro sobre estoicismo, mas o faríamos em busca da excelência literária do assunto. Com certeza, Frances

K. Hazlitt e Henry Hazlitt nos inspiraram essa confiança, e suas capacidades editoriais para compendiar o sulco do pensamento estoico, a partir dos escritos originais dos pensadores, sempre nos pareceram certas e indiscutíveis.

Tendo tudo isso em mente, a LVM relança agora a segunda edição revista da obra. Tendo por base o já ótimo trabalho de tradução de Paulo Polzonoff Jr., a tradutora, revisora e doutora em linguística, Roberta Sartori, revisitou cuidadosamente a obra, adequando termos e trazendo a tradução para o mais próximo possível do concebido pelos autores originais. Um trabalho minucioso que voltou às fontes textuais e recosturou em emendas fortes a linguagem estoica.

Se a primeira edição já trazia uma riqueza ímpar e um trabalho editorial cuidadoso, aumentamos agora a aposta na obra e aperfeiçoamos ainda mais o cuidado textual. Se o estoicismo se propõe a ser uma filosofia prática e um modo de existir maduro, uma reedição com esmero e dedicação não é nada além do que necessário.

Boa leitura.

Pedro H. Alves,
Editor.

PREFÁCIO À 2ª EDIÇÃO
Raduán Melo

"O que deve ser feito?". Não depois nem antes, mas agora. Essa é a questão fundamental do Estoicismo. Amparado pela natureza humana (leia-se razão) e pela Virtude, de forma simples, clara e direta, a filosofia do pórtico cria um verdadeiro manual sobre como o homem deve viver para ser verdadeiramente feliz.

O Estoicismo tem sua origem na Grécia com Zenão de Cítio, em 300 a.C., quando seu barco, carregado de valiosas mercadorias, naufraga. Após ter perdido praticamente tudo que tinha de bens materiais, Zenão entra em uma livraria e depara-se com a filosofia socrática. Quando pergunta ao livreiro onde poderia ter maior contato com essa filosofia, o livreiro o direciona: "Siga esse homem", apontando para Crates de Tebas, um dos maiores filósofos da época. Assim, a partir de um grande infortúnio, começa o Estoicismo — e não poderia ser diferente.

Nos últimos anos, o Estoicismo ressurge no Ocidente com crescente popularidade, principalmente nos EUA e Europa — como um todo. E isso não foi por acaso; após a contemporaneidade trazer uma inconteste riqueza material, parece-me claro que grande parte das pessoas começou a buscar respostas que o mundo material não poderia lhes dar. Talvez parte desse assombro que aqui salientamos jaz na procura que está não exatamente em uma religião — ainda que uma coisa não anule a outra —, mas sim em uma filosofia. Soma-se a isso as sempre presentes angústias humanas, que parecem aumentadas nos tempos modernos de secularismo. Esse cenário mostrou-se fértil para o ressurgimento dessa Filosofia que, longe de buscar atenuar os desafios e sofrimentos da vida, traz a necessidade da Coragem, da Sabedoria, da Temperança e da Justiça em todas as ações humanas.

A ação virtuosa, independente da condição em que alguém se encontra, é uma marca forte do estoico. Por isso temos relatos como o de James Stockdale — militar americano de maior condecoração, que foi preso e feito de refém no Vietnã por sete anos e seis meses —, que enalteceu a importância dos pensamentos de Epiteto para a manutenção da sua racionalidade em meio às sessões de torturas que sofria. Ou como o grande herói americano, George Washington, que utilizava uma peça estoica para levantar a moral de seu exército nos campos de batalha. A influência não se limita aos campos militares, mas também aos esportivos; o — muito provavelmente — maior técnico de todos os tempos da NFL, multicampeão pelo New England Patriots, Bill Belichick, usa declaradamente práticas estoicas para gerenciar e conduzir seus times. No mercado pop, o escritor *best-seller*, palestrante e empresário, Timothy Ferriss é um seguidor ávido da filosofia do pórtico, considerando-a o antídoto ante seus recorrentes pensamentos suicidas.

O Estoicismo é isso, uma filosofia que nos prepara para agir de forma incessante e ética em tudo aquilo que você pode (e deve) mudar, ao mesmo tempo que nos ensina a ser resignado e extremamente forte para aceitar todas as situações que não podemos modificar. Costumo dizer que o Estoicismo é uma filosofia para todo mundo (seja para um Imperador Romano, como Marco Aurélio, ou para um escravo, como Epiteto), mas não para qualquer um — ela não vai afagar seu ego ou motivá-lo de forma infantil para fazer você se sentir melhor. O Estoicismo não é para homens fracos. Em tempos modernos, quando homens fogem das suas responsabilidades adultas, e a

PREFÁCIO À 2ª EDIÇÃO

geração do prazer máximo e momentâneo torna-se o objetivo da vida, o estoicismo torna-se ainda mais necessário.

Nessa magnífica obra, com textos selecionados pelos geniais Frances e Henry Hazlitt — um dos maiores nomes da Escola Austríaca de Economia nos Estados Unidos —, revela-se o que há de melhor dos maiores nomes do Estoicismo — Sêneca, Epiteto e Marco Aurélio. Longe de ser uma viagem a uma escola filosófica do passado, é um encontro com um dos pilares mais importantes da Civilização Ocidental, que até hoje nos é muito útil — o Estoicismo.

INTRODUÇÃO

INTRODUÇÃO DOS ORGANIZADORES
Frances K. Hazlitt & Henry Hazlitt

A filosofia estoica foi fundada por Zenão de Cítio (333–262 a.C.), um fenício de Chipre, mas nada do que ele escreveu nos foi legado, exceto por alguns fragmentos. A ele se seguiram Cleantes de Assos (330–230 a.C.), depois, Crisipo de Solos (280–208 a.C.) e, mais tarde ainda, Panécio de Rodes (185–109 a.C.) e Posidônio de Apameia (135–51 a.C.). Mas, embora se acredite, por exemplo, que Crisipo tenha escrito 705 livros, praticamente nada desses filósofos sobreviveu, exceto em relatos de terceiros. Somente três dos antigos estoicos, Lúcio Aneu Sêneca (4 a.C.-65 AD), Epiteto (50–138) e Marco Aurélio (121–180) sobreviveram em livros completos.

Nenhum dos três jamais teve uma audiência expressiva. A história da reputação deles é curiosa. No século XVII, Sêneca definitivamente era o mais conhecido. Depois, no fim do século XIX e começo do século XX, ele foi praticamente esquecido, e a popularidade alternou-se entre Epiteto e Marco Aurélio. Sob influência do poeta e crítico literário britânico Matthew Arnold (1822-1888), Marco Aurélio se tornou uma espécie de "autor obrigatório" para os ingleses de meados da Era Vitoriana. Como exemplo do que era escrito nos primeiros anos do século XX, cito um dos livros de autoajuda escrito pelo romancista britânico Arnold Bennett (1867-1931):

> Acho que há milhares de autores que escrevem com mais ou menos sinceridade sobre o controle da máquina humana. Mas dois dos que, para mim, se destacam facilmente são Marco Aurélio Antonino e Epiteto [...]. Aurélio é certamente considerado o maior escritor da escola da máquina humana, e não lê-lo diariamente é considerado por muitos um mau hábito. Como uma confissão, sua obra não tem igual. Mas, como um guia prático da existência, eu daria antes prioridade aos discursos de Epiteto do que aos escritos de Marco Aurélio [...]. Para os leitores de 1908, ele transborda realidade. Ainda assim [Aurélio], claro, é para ser lido e relido sem parar. Quando você terminar a obra de Epiteto — uma única página ou parágrafo por dia, tudo devidamente mastigado e digerido, basta —, você pode passar para M. Aurélio e depois voltar a Epiteto, e assim por diante, todas as manhãs ou noites, até o fim da sua vida[1].

Duas coisas são dignas de nota nessa passagem. Primeiro, ela apresenta os dois escritores simplesmente como guias para a vida; em nenhum momento ela menciona a filosofia estoica deles ou suas implicações. Depois, ela não menciona, em nenhum momento, Sêneca. Nisso, a passagem é característica não apenas pelas referências frequentes de Arnold Bennett aos dois estoicos posteriores, como também pelas referências de seus contemporâneos e de outros autores até os dias de hoje. Mas Sêneca foi o primeiro dos grandes filósofos estoicos cujos textos sobreviveram. Ele viveu meio século antes de Epiteto e mais de um século antes de Marco Aurélio. Sua produção foi bem maior do que a de seus sucessores, e ele os superava unicamente em talento literário. Seus textos filosóficos são uma sucessão de aforismos memoráveis. Quase não há nenhuma daquelas passagens obscuras que se encontram com frequência em Epiteto e Marco Aurélio. O tempo todo que ele passou negligenciado parece não ter explicação.

---

[1] BENNETT, Arnold. *The Human Machine*. London: New Age Press, 1908.

INTRODUÇÃO

O objetivo deste volume é disponibilizar antologias generosas dos três grandes filósofos estoicos. Até onde nós, editores, sabemos, isso não foi feito em nenhum outro lugar[2]. Há apenas um ou dois livros que nem mesmo trazem trechos razoavelmente adequados de Epiteto e Marco Aurélio juntos; em geral, os leitores até agora tinham de encontrá-los em livros separados. E antologias adequadas dos textos de Sêneca sobre estoicismo não parecem existir em nenhum livro atualmente em catálogo.

Além disso, estamos convencidos de que a maioria dos leitores de hoje preferirá muito mais ler antologias de cada um dos grandes estoicos em vez de se depararem com a obra completa deles. Por causa da forma como as obras deles foram compostas ou relatadas, elas são cheias de repetições. A obra *Tà εἰς ἑαυτόν* [*Meditações*], de Marco Aurélio, por exemplo, era aparentemente um diário elaborado apenas para ele mesmo, no qual o imperador escrevia todas as noites ou manhãs alguma reflexão, decisão ou conselho para si mesmo, sem consultar se ele já tinha escrito praticamente a mesma coisa uma semana ou um mês antes. Mais uma vez, nada do que nos chegou de Epiteto foi escrito diretamente por ele; sua obra é o registro de seus discursos, feito por seu discípulo Lúcio Flávio Arriano Xenofonte (86/89-160). Portanto, quando Epiteto fazia arengas muito parecidas para públicos diferentes em ocasiões diferentes, temos o registro de cada uma delas. Sêneca, por fim, repetia-se incansavelmente, e tinha consciência disso. Ele se justificava dizendo que *"ele apenas inculca continuamente os mesmos conselhos àqueles que repetidamente cometem os mesmos erros"*.

Portanto, uma antologia pareceu aos editores desta obra tanto necessária quanto desejável, não apenas para reduzir enormemente as repetições ou minimizar obscuridades, mas para concentrar-se no que há de mais representativo e memorável.

É claro que não há como selecionar objetivamente "os melhores". A antologia dependerá sobretudo da análise e do gosto dos editores; e com tanta abundância para se escolher, muitas decisões quanto ao que incluir ou não

---

[2] Quando foi originalmente publicado em inglês, no ano de 1984, o livro *The Wisdom of the Stoics* [*A Sabedorias dos Estoicos*], organizado por Frances K. Hazlitt e Henry Hazlitt, não estavam disponíveis nesta língua antologias de escritos de filósofos estoicos, o que não é uma realidade em nossos dias. No entanto ainda faltam trabalhos deste tipo em português. (N. E.)

tiveram que ser arbitrárias. Só podemos dizer que fomos os mais "objetivos" e criteriosos possível.

Escolhemos aproximadamente o mesmo número de escritos de Epiteto e Marco Aurélio, e ligeiramente mais textos de Sêneca, para compensar a inacessibilidade comparativa de sua obra e também por causa da desmerecida negligência da qual ele foi vítima.

Os três grandes estoicos têm origens incrivelmente diferentes. Sêneca era um espanhol que foi levado a Roma ainda criança. Estudou retórica e filosofia e, em pouco tempo, adquiriu uma boa reputação na Corte. Foi banido no ano 41 da Era Cristã pelo imperador Cláudio (10 a.C.-54 AD), mas foi convocado oito anos mais tarde pela imperatriz Agripina (15–59), que o queria como tutor do seu filho Lúcio Domício Enobarbo (37–68), o futuro imperador Nero, então com 11 anos. Quando Nero subiu ao trono, aos 17 anos, o poder de Sêneca aumentou ainda mais. Embora estoico, supostamente alguém que despreza as riquezas, amealhou uma enorme fortuna. Isso foi provavelmente um erro. Sua presença começou a incomodar Nero, e sua enorme riqueza estimulou sua avareza. Por fim, no ano 65, Nero acusou Sêneca de cumplicidade numa conspiração contra ele e o sentenciou à morte por suicídio.

O historiador Públio Cornélio Tácito (56–120) assim descreve a cena:

> Sem se abalar, ele requisitou tábuas para escrever seu testamento. Diante da negativa do centurião, ele se voltou para seus amigos e disse que, como estava impedido de lhes deixar uma gratificação por seus serviços, ele lhes deixaria a única coisa, que é de fato a melhor coisa, de que dispunha: o modelo de sua vida [...]. Ao mesmo tempo, ele lembrou os amigos em prantos do seu dever de serem fortes [...] perguntando a eles o que acontecera com os preceitos da sabedoria, da filosofia, que eles por tantos anos estudaram diante de males iminentes [...]. Ele, então, abraçou sua esposa — e cortou os pulsos.

Sêneca foi um autor muito prolífico e escreveu, no total, o equivalente a mais de vinte volumes, incluindo, além de seus ensaios sobre ética e outras obras de filosofia, nove tragédias, muitas sátiras e epigramas, bem como livros sobre ciências naturais, astronomia e meteorologia.

Pouco se sabe sobre Epiteto. Sequer existe consenso quanto aos anos de seu nascimento e morte. Seu nascimento foi estabelecido por vários escritores como tendo sido entre os anos 50 e 60, e sua morte entre os anos 100 e 135. Ele provavelmente nasceu na cidade Hierápolis, na Frígia[3]. Quando menino, foi escravo em Roma, na casa de Epafrodito (20-95), um protegido de Nero. Ao receber sua liberdade, tornou-se professor de filosofia, que aprendera nas aulas do estoico Musônio Rufo (25-95).

Epiteto lecionou em Roma, mas foi expulso, juntamente com outros filósofos, pelo imperador Domiciano (24-96), em 90. Depois foi para Nicópolis, no Epiro, onde parece ter passado o restante de sua vida.

O filósofo era coxo, fraco e cronicamente pobre. Reza a lenda que um dia seu dono começou a torcer sua perna. Epiteto, sorrindo, disse-lhe: *"Se o senhor continuar, quebrará minha perna"*. Foi o que aconteceu. E Epiteto continuou falando, tão calmamente quanto antes: *"Eu não lhe disse que o senhor quebraria minha perna?"*. Se isso aconteceu ou não, não sabemos, mas é algo que está de acordo com o que sabemos do caráter do filósofo.

Epiteto não escreveu nada. Seus ensinamentos foram transmitidos por um pupilo, Arriano, que registrou suas diatribes na obra Ἐπικτήτου διατριβαί [*Discursos de Epiteto*] e os reuniu num enquirídio conhecido como Ἐγχειρίδιον Ἐπικτήτου [*O Manual de Epiteto*].

Marco Aurélio estava no outro extremo da escala social. Era o filho adotivo do imperador Antonino Pio (86-161). Foi educado em casa, mas abandonou o estudo da literatura, trocando-o pelo da filosofia e do direito com os estoicos Júnio Aruleno Rústico (100-170) e Lúcio Volúsio Meciano (110-166). Tornou-se imperador no ano 161, mas seu reinado foi, desde o princípio, tragicamente desafortunado, e ele foi obrigado a passar a maior parte de seu tempo travando guerras de fronteiras, abafando insurreições e combatendo os efeitos das pestes e da desmoralização. Ainda assim, ele encontrou tempo para escrever suas famosas *Meditações*.

---

[3] Atual território da Turquia. (N. E.)

Há muito debate entre os críticos sobre qual dos três grandes estoicos era o melhor escritor; mas a maioria dos leitores atuais ficará feliz em desfrutar de sua variedade. Sêneca tem o vocabulário mais profuso, é o mais rico em termos de aforismos, escreve a prosa mais bem-acabada e atrai por seu sólido e vigoroso bom senso. Epiteto (conforme transcrito por Arriano) é o mais perspicaz e cômico, mas também o mais radicalmente inflexível, e, ainda que ele sempre capture a atenção do seu leitor, ele também parece desalentá-lo por sua aparente frieza. A Marco faltam alguns dos talentos de seus antecessores, mas ele escreve com uma nobreza e sinceridade sem igual em toda a literatura.

Apesar de o estoicismo expor uma cosmologia complexa, ele era, em essência, um guia de conduta para a vida. Os homens devem viver segundo a natureza. Com isso, os estoicos não queriam dizer, de forma alguma, que os homens deveriam satisfazer os apetites de seus corpos, mas que eles deveriam ser governados pela Razão. O maior bem era a vida virtuosa. Somente a virtude é felicidade. A virtude é sua própria suficiente recompensa, e o vício é o seu próprio castigo. O bem deve ser encontrado por todos os homens dentro de si mesmos. Todas as coisas externas que são geralmente consideradas boas ou más, como riqueza e pobreza, prazer e dor, saúde e doença, são questões indiferentes para o verdadeiro estoico. Ele pode ser tão feliz deitado numa bancada quanto numa cama de rosas.

Os estoicos distinguiam nitidamente as coisas que estão sob o nosso controle e as que não estão. O desejo e o desagrado, a opinião e a afeição são coisas que estão sob o controle da força de vontade; a saúde, a riqueza, o *status* social, a reputação e coisas semelhantes, em geral, não estão.

Os estoicos insistiam intensamente na unidade do universo e no dever do homem como parte de um grande todo. Eles foram os primeiros a pregar o "cosmopolitismo". *"Não há diferença entre gregos e bárbaros; o mundo é nossa cidade"*. Aparentemente, eles também foram os primeiros a afirmar a beneficência positiva como uma virtude. *"O amor ao próximo"*, por exemplo, foi prescrito por Marco Aurélio. Os estoicos influenciaram profundamente a moralidade posterior do cristianismo.

Os três grandes estoicos representados aqui pregavam essencialmente as mesmas doutrinas, embora matizadas por suas experiências e temperamentos individuais.

INTRODUÇÃO

Em comparação com os dois outros, o rico Sêneca pregava apenas um estoicismo modificado, com uma mescla muito maior de sabedoria mundana. Ainda assim, foi ele quem alertou seus leitores: *"Se o que você tem lhe parece insuficiente, então, mesmo que você possua o mundo, ainda assim será infeliz"*. E ele também nos diz que *"a soma do dever humano"* é *"paciência, onde caso soframos, e prudência nas coisas que realizamos"*.

Quando se trata de Epiteto, ele não cede ao lado mundano da vida. *"Que o exílio e a morte estejam cotidianamente diante de seus olhos"*. *"É melhor morrer de fome, livre do luto e do medo, do que viver na afluência, mas perturbado"*.

Marco Aurélio não é tão insensível quanto Epiteto às vezes parece ser, embora o consolo que ele oferece deva ser conquistado a um alto custo. *"Que não faça diferença para ti se sentes frio ou calor, contanto que estejas cumprindo teu dever"*. Ele até diz a si mesmo em certo momento: *"Então, não considere a vida algo que tenha qualquer valor"*.

Essas citações, sejamos justos, passam uma impressão muito sombria do conjunto de textos dos estoicos, cujos conselhos sobre a conduta da vida não são muito diferentes dos conselhos dados hoje por muitos filósofos não estoicos. Mas as citações realmente apontam para uma aparente contradição no sistema estoico. Se devemos tomar literalmente as suas controvérsias de que a felicidade como normalmente se entende não é necessária, e que a dor não é um mal, qual o sentido da moralidade ou de qualquer esforço humano?

Para muitos leitores contemporâneos, talvez seja, de fato, difícil entender o que na doutrina estoica atraía os seus seguidores. Aos epicuristas foi dito que eles podiam buscar prazer ou ao menos tranquilidade nesta vida. Os racionalistas podiam reconhecer que, caso eles se abstivessem excessos em seus apetites físicos, eles poderiam provavelmente desfrutar de uma saúde melhor e vida mais longa, que a cooperação pacífica com os outros geraria muitos benefícios mútuos. Aos cristãos pelo menos foram prometidas recompensas futuras pela bondade ou castigos futuros pelos pecados. Mas ao estoico só foi dito que a recompensa pela virtude era ser virtuoso.

Ainda assim, o estoicismo de fato atraiu os mais nobres entre os antigos e os tem mantido atraídos por mais de dois mil anos. É uma das filosofias de vida permanentes. Na verdade, ainda é um elemento indispensável em qualquer filosofia racional. Porque todos os homens um dia terão de enfrentar a morte, e, antes disso, a perda de um ente querido; e quase todos, por mais prudentes ou sábios que sejam na condução de suas vidas, em algum momento sofrerão decepções, dificuldades, acidentes ou derrotas, ingratidão, rejeição, afrontas, humilhação, dor e até períodos de agonia. Sempre haverá ocasiões nas quais os homens precisão de paciência, resistência e fortaleza. Essas são as grandes virtudes que a filosofia estoica instila. E, quando os homens mais precisarem dessas virtudes, eles recorrerão à sabedoria calma de Sêneca, às severas admoestações de Epiteto ou à nobre serenidade das *Meditações* de Marco Aurélio a fim de renovar a coragem e a força.

□ □ □

Cabe aqui uma nota sobre as fontes dos excertos: A antologia de Sêneca foi extraída da tradução do século XVII feita por *sir* Roger L'Estrange (1616-1704), publicada na coleção da Burt's Home Library, no começo do século XX. É difícil acreditar que essa tradução não tenha sido modernizada por alguém em algum momento do caminho, pois ela é incrivelmente fluida e simples. Para Epiteto, escolhemos a tradução de 1758 de Elizabeth Carter (1717-1806) por ainda considerá-la a mais satisfatória. Além de vários excertos menores, escolhemos o texto integral de *O Manual de Epiteto*, pois ele parece ter sido concebido como um resumo de sua filosofia. Para Marco Aurélio, usamos, para a maior parte, a tradução de 1862, feita por George Long (1800-1879) — embora para algumas passagens tenhamos recorrido ao velho texto de 1634 traduzido por Meric Casaubon (1599-1671), quando julgamos que ele era mais claro ou vívido.

Nas antologias tanto de Epiteto quanto de Marco Aurélio, mantivemos a mesma numeração das edições completas, mas para os pensamentos avulsos, a seleção da numeração é nossa, e foi adotada meramente por conveniência quanto à referenciação.

SÊNECA

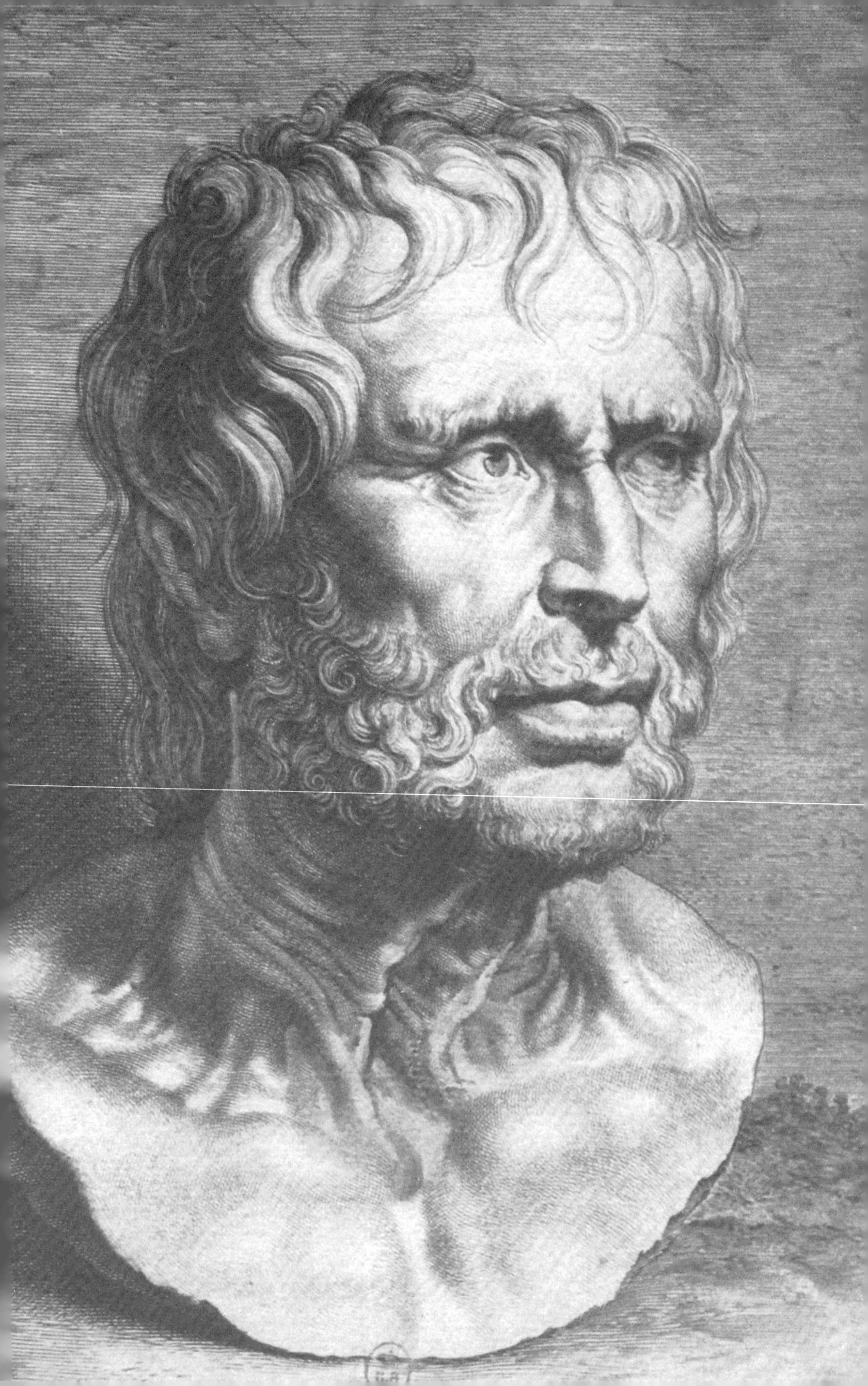

SÊNECA

DA VIDA FELIZ

Não há nada neste mundo, talvez, que seja mais falado e menos compreendido do que o tema de uma vida feliz. Ela é o desejo e o projeto de todos os homens; no entanto não há um em mil que saiba no que essa felicidade consiste. Vivemos, contudo, numa busca cega e ávida por ela; e quanto mais nos precipitamos no caminho errado, mais distantes estamos do fim da nossa jornada.

Vamos primeiro, portanto, pensar em que ponto deveríamos estar, e, depois, na forma mais rápida de o alcançarmos. Se estivermos com a razão, descobriremos a cada dia todos os dias o quanto melhoramos; mas, se seguirmos os clamores ou os passos de pessoas que se desviaram do caminho, devemos esperar ser desencaminhados e continuar nossos dias andando a esmo e no erro. Portanto, é de suma importância que levemos conosco um guia hábil; porque não é nesta, como em outras viagens, que a estrada nos leva ao nosso lugar de repouso; ou, se acontecer de um homem se desviar, os outros talvez o recoloquem no caminho certo; ao contrário, o caminho mais trilhado aqui é o mais perigoso, e as pessoas, em vez de nos ajudarem, enganam-nos. Então, não vamos seguir, como animais, mas guiar-nos pela razão, e não pelo exemplo.

Acontece com a nossa vida o mesmo que acontece com um exército em retirada: um tropeça e o outro cai sobre ele, e assim por diante, um sobre o outro, até que todo o campo de batalha se transforma num amontoado de homens caídos. E o problema é que o número da multidão a conduz contra a verdade e a justiça. Por isso, temos de sair da multidão se quisermos ser felizes: pois a questão da felicidade não é algo a ser decidido pelo voto: não, longe disso, a pluralidade de vozes ainda é um argumento dos equivocados; o homem comum considera mais fácil acreditar do que analisar e contenta-se com o que é habitual, nunca avaliando se isso é bom ou não.

Por homem comum falo tanto do nobre quanto do pé-rapado: porque eu não os diferencio pelo olhar, mas pela mente, que é a melhor juíza do homem. A felicidade mundana, sei, atordoa; mas, se alguma vez o homem voltar a si, ele confessará que o que quer que tenha feito, ele deseja que seja desfeito; e que as coisas que ele temia eram melhores do que as coisas pelas quais ele rezava.

A verdadeira felicidade na vida é estar livre das perturbações; é entender nossos deveres com relação a Deus e aos homens; aproveitar o presente sem depender ansiosamente do futuro. Não nos divertirmos com esperanças ou medos, mas ficarmos satisfeitos com o que temos, que é abundantemente suficiente; porque o homem feliz não quer nada. As maiores bênçãos da humanidade estão dentro de nós e ao nosso alcance; mas fechamos os olhos e, como seres no escuro, somos presas de tudo o que buscamos sem jamais encontrar.

A tranquilidade é uma certa uniformidade da mente que nenhuma situação de sorte pode exaltar ou deprimir. Nada pode diminuí-la, porque ela é o estado da perfeição humana: ela nos eleva ao mais alto que podemos alcançar; e torna todos os homens autossuficientes. Por outro lado, aquele que é alçado por qualquer outra coisa pode cair. Aquele que julga corretamente e persevera nisso goza de uma calma perpétua: ele tem uma perspectiva verdadeira com relação às coisas; ele observa uma ordem, uma medida, um decoro em todas as suas ações; ele tem uma benevolência em sua natureza; ele ajusta sua vida de acordo com a razão; e atrai para si amor e admiração: mas quem sempre aceita ou recusa as mesmas coisas está sem dúvida no caminho certo.

    Liberdade e serenidade de espírito necessariamente devem resultar do domínio daquelas coisas que nos atraem ou assustam quando, em vez dos prazeres chamativos (que, mesmo na melhor das hipóteses, são vãos e prejudiciais), percebemo-nos tomados pela duradoura felicidade.

    Deve ser uma mente sã o que faz o homem feliz; deve haver uma estabilidade em todas as situações, um cuidado com as coisas do mundo, mas sem preocupação; e indiferentes aos caprichos da sorte, com ou sem ela, poderemos viver contentes. Não deve haver lamentos ou brigas ou preguiça ou medo, porque isso só gera discórdia na vida do homem. Quem tem medo é servil.

    A felicidade de um sábio permanece firme, sem interrupção. Em todos os lugares, em todas as épocas e em todas as condições, seus pensamentos são animados e tranquilos. Assim como a felicidade não lhe veio de fora, ela nunca o deixará; mas ela nasce dentro dele e é inseparável dele. É uma vida solícita e simples que é estimulada pela esperança de qualquer coisa, embora nunca seja tão aberta e fácil, mais que isso, embora um homem nunca deva sofrer qualquer tipo de decepção. Não digo isso como um impedimento ao gozo dos prazeres lícitos ou das lisonjas das expectativas sensatas; mas, pelo contrário, por mim, os homens estariam sempre de bom humor, desde que isso viesse de suas almas e fosse estimado em seu peito. Outros deleites são triviais; eles podem acalmar e desamarrar o rosto, mas não enchem nem afetam o coração.

    A felicidade real é um movimento sóbrio e, e só os miseráveis é que confundem a gargalhada com o regozijo. A sede da felicidade está dentro, e não há alegria como a resolução da mente corajosa que conta com a sorte sob seus pés. Aquele que pode olhar a morte nos olhos e dar-lhe as boas-vindas; abre sua porta para a pobreza e refreia seus apetites, este é o homem a quem a Providência concedeu a posse de deleites invioláveis.

    Os prazeres dos vulgares são fúteis, rasos, superficiais; mas os outros são sólidos e eternos. Como o corpo em si é mais uma coisa necessária do que excelente, seus confortos são temporários e vãos; além disso, sem moderação extraordinária, o fim deles é apenas a dor e o arrependimento; ao passo que uma consciência pacífica, pensamentos honestos, ações virtuosas e uma indiferença pelos eventos casuais são bênçãos sem fim, saciedade ou medida.

Esse estado consumado de felicidade é apenas uma submissão ao ditado da correta natureza. A base dele é a sabedoria e a virtude; o conhecimento de o que devemos fazer e a conformidade da vontade a esse conhecimento.

I.
A FELICIDADE BASEADA NA SABEDORIA

Dado que a felicidade humana se baseia na sabedoria e na virtude, trataremos essas duas questões à medida que elas surgem: e, primeiro, a sabedoria; não na latitude de suas várias operações, mas somente no que diz respeito a uma boa vida e à felicidade da humanidade.

A sabedoria é uma compreensão correta, uma capacidade de discernir o bem do mal; o que há de ser escolhido e o que há de ser rejeitado; um julgamento baseado no valor das coisas, não na opinião comum sobre elas; uma igualdade de força e uma força de resolução. Ela observa nossas palavras e feitos, ela nos leva à contemplação das obras da natureza e nos torna invencíveis por boa ou má sorte. Ela é enorme e espaçosa e é preciso muito espaço para nela trabalhar; ela vasculha o céu e a terra; ela tem como objeto as coisas do passado e do porvir, as coisas transitórias e eternas. Ela examina todas as circunstâncias do tempo, o que é, quando começou e por quanto tempo continuará: e o mesmo para a mente; de onde surgiu; o que é; quando começa; quanto tempo dura; se ela transita ou não de uma forma a outra ou se serve somente a uma, e vagueia ao nos deixar; se ela permanece num estado de separação e como age; como ela usa sua liberdade; se ela retém ou não a memória das coisas passadas e toma conhecimento de si mesma.

Ser sábio é usar a sabedoria, assim como ver é usar os olhos, e falar bem é usar a eloquência. Aquele que é perfeitamente sábio é perfeitamente feliz; o próprio início da sabedoria torna a vida mais fácil para nós. Mas não basta saber disso, a não ser que gravemos isso em nossas mentes pela meditação diária, transformando uma boa disposição em um bom hábito.

E devemos pôr em prática o que pregamos: pois a filosofia não é assunto para ostentação popular, tampouco se baseia em palavras, mas em coisas. Ela não é uma diversão para o deleite ou para atiçar o nosso ócio; ela molda a mente, governa nossas ações, diz-nos o que temos ou não de fazer. Ela toma o leme e orienta-nos ao longo de todos os perigos: não, não podemos estar seguros sem ela, porque a todo instante temos motivos para usá-la. Informa-nos, em todos os deveres da vida, a termos compaixão por nossos pais, fé em nossos amigos, a sermos caridosos com os miseráveis, bom senso nos conselhos; ela nos dá a paz por não temer nada e riquezas por não cobiçar nada.

Não há nenhuma situação na vida que impeça um homem sábio de cumprir seu dever. Se ele tem sorte, ele a equilibra; se tem azar, ele o domina; se ele tem propriedades, exercitará sua virtude na abundância; se não as tem, na pobreza: se ele não for capaz de fazer isso em seu país, ele o fará no exílio; se ele não tiver comando, fará o trabalho de um simples soldado.

A sabedoria não ensina nossos dedos, mas nossas mentes: manusear e dançar, armas e fortalezas eram obras do luxo e da discórdia; mas a sabedoria ensina-nos o caminho da natureza e as artes da unidade e da concórdia, não nos instrumentos, mas no governo da vida; não só para que vivamos, mas para que vivamos felizes. Ela nos ensina quais coisas são boas e quais são más, e quais só aparentam ser; e a distinguir entre a verdadeira grandeza e o tumor. Ela limpa as nossas mentes da impureza e da vaidade; ela eleva nossos pensamentos aos céus e os carrega inferno abaixo: ela discorre sobre a natureza da alma, seus poderes e faculdades; os primeiros princípios das coisas; a ordem da Providência: ela nos exalta das coisas corpóreas para as coisas etéreas e resgata a verdade de tudo: ela vasculha a natureza, dá leis à vida; e nos diz que não basta conhecermos Deus, a não ser que lhe obedeçamos. Ela contempla todas as casualidades como atos da Providência: atribui um valor real às coisas; livra-nos de falsas opiniões e condena todos os prazeres vividos no arrependimento. Ela não permite que nada seja bom se não for para sempre: que nenhum homem seja feliz se ele precisar de outra felicidade que não a que tem dentro de si; que nenhum homem seja grande e poderoso se ele não tiver controle sobre si mesmo.

Essa é a felicidade da vida humana; uma felicidade que não pode ser corrompida nem extinta: ela questiona a natureza dos céus, a influência das estrelas; o quanto elas operam sobre nossos corpos e mentes: pensamentos esses que, embora elas não componham nosso comportamento, ainda assim nos elevam e dispõem-nos para coisas gloriosas.

Todos concordam que a razão correta é a perfeição da natureza humana, e a sabedoria, apenas o seu ditado. A grandeza que surge dela é sólida e imóvel, com as resoluções da sabedoria sendo livres, absolutas e constantes; enquanto a estupidez jamais se contenta com a mesma coisa, mas ainda muda de conselho e está farta de si mesma. Não pode haver felicidade sem constância e prudência.

Quem faz objeções e hesita ainda está incompleto: mas onde a virtude se interpõe sobre o principal, é preciso haver concórdia e consentimento entre as partes: porque todas as virtudes concordam entre si, assim como todos os pecados discordam entre si.

Um sábio, em qualquer condição que se encontre, ainda será feliz; pois ele sujeita tudo a si, porque se sujeita à razão, e governa suas ações por conselhos, e não pela paixão. Ele não se deixa abater pelas maiores violências do acaso nem pelos extremos do fogo e da espada; enquanto um tolo teme a própria sombra e surpreende-se com todos os infortúnios, como se todos o tivessem como alvo. Ele não faz nada contra sua vontade: pois tudo o que ele entende como necessário, é isso o que ele escolhe. Ele propõe a si mesmo o inegável escopo e finalidade da vida humana; ele segue aquilo que o conduz a isso, e evita o que o detém. Ele está contente com o que lhe cabe, seja lá o que for, sem desejar o que não possui; mas, das duas coisas, ele prefere a abundância à carência.

O grande empreendimento da sua vida, assim como o da natureza, é realizado sem tumulto ou barulho. Ele não teme o perigo nem o provoca; mas ele é cauteloso e não lhe falta coragem; pois o cativeiro, as feridas e as correntes são vistas por ele apenas como terrores falsos e linfáticos. Ele não finge fazer ir em frente com tudo o que empreende; ele fazer bem o que faz. As artes nada mais são do que as servas, quem comanda é a sabedoria; e onde a matéria falhe, não é culpa do trabalhador. Ele é cauteloso quando em dúvida, comedido na prosperidade e resoluto na adversidade; ainda tirando o melhor de todas as situações e melhorando todos os cenários para torná-los úteis ao seu destino.

Há alguns acidentes que, confesso, talvez o afetem, mas não o derrubam, como dores físicas, a perda de filhos e amigos, a ruína e a desolação do país de um homem. Só alguém feito de pedra ou ferro não se sensibiliza diante dessas calamidades; e, além do mais, não é virtude suportá-las quando o corpo não as sente.

Há três graus de proficientes na escola da sabedoria. O primeiro inclui aqueles que se depararam com ela, mas não estão à sua altura; eles aprenderam o que devem fazer, mas não puseram seu conhecimento em prática: eles já não correm o risco de uma recaída, mas ainda têm os ressentimentos de uma doença, embora estejam fora do perigo dela. Por doença me refiro a uma insistência no mal ou num mau hábito, que nos deixa excessivamente ansiosos com relação a coisas pouco ou nada desejáveis. O segundo tipo inclui aqueles que subjugaram seus próprios apetites por um tempo, mas que ainda temem uma recaída. O terceiro tipo inclui aqueles que se livraram de muitos vícios, mas não de todos. Eles não são gananciosos, mas talvez sejam coléricos; não são lascivos, mas talvez sejam cobiçosos; eles são firmes o bastante em alguns casos, mas fracos em outros; muitos desprezam a morte, ainda que se encolham da dor.

Os homens sábios são diversos, mas não desiguais; um é mais afável; outro, mais disposto; um terceiro, melhor orador: mas a felicidade deles é igual. Assim é, como com os corpos celestiais: existe um certo estado na grandeza.

Em assuntos civis e domésticos, um sábio pode precisar do conselho, como o de um médico, de um advogado, de um mediador; mas em assuntos maiores, a bênção do sábio está na felicidade que ele extrai da comunicação das suas virtudes.

Mesmo que não houvesse mais nada nela, o homem se aplicaria com sabedoria, porque ela lhe dá uma sensação perpétua de tranquilidade.

II.
A FELICIDADE BASEADA NA VIRTUDE

A virtude é aquele bem perfeito, que é o complemento de uma vida feliz; a única coisa imortal que pertence à mortalidade; é o conhecimento de si e dos outros; é uma grandiosidade da mente invencível, que não deve ser elevada nem abatida pela sorte ou pelo azar. É sociável e gentil, livre, firme e destemida; contente consigo mesma; cheia de deleites inextinguíveis; é valorizada por si mesma.

Um indivíduo pode ser um bom médico, um bom gramático, e não ser um bom homem; de modo que todas as coisas externas são apenas acessórios: pois a sua sede é uma mente pura e casta. Ela consiste em ações coerentes que não se manifestam quando estamos distraídos por nossas paixões.

Um homem talvez possa mudar de natureza e semblante e experimentar tais efeitos como se fossem um tipo de força natural sobre o corpo, e não sob o domínio da mente: mas tudo isso enquanto eu tiver seu julgamento firme, e ele deve agir com solidez e ousadia, sem hesitar entre os movimentos do seu corpo e de sua mente.

Não é algo neutro, eu sei, se um homem se encontra em paz deitado em uma cama ou em tormento em um leme: ainda assim, o primeiro pode ser o pior dos dois, se o segundo sofre com honra e o primeiro goza da infâmia.

Não é a matéria, mas a virtude, o que torna a ação boa ou má; e aquele que é conduzido em triunfo pode ser ainda maior do que seu conquistador. Quando chegamos ao ponto de valorizar a nossa carne mais do que a nossa honestidade, nós nos perdemos; e, ainda assim, eu não enfatizaria os perigos, não, não tanto quanto sobre os inconvenientes, a não ser em casos em que o homem e o bruto compitam: nesse caso, em vez de perder meu mérito, minha razão ou minha fé, eu recorreria aos extremos.

São grandes bênçãos ter pais carinhosos, filhos obedientes e viver sob um governo ordeiro e justo. Ora, não seria problema mesmo para um homem virtuoso ver seus filhos mortos diante de seus olhos, seu pai transformado em escravo e seu país invadido por inimigos bárbaros? Há uma enorme diferença entre a simples perda de uma bênção e o sucesso de um grande malfeito repetidamente em seu lugar. A perda da saúde é seguida pela doença, e a perda da visão, pela cegueira: mas isso não se aplica à perda de amigos e filhos, na qual há algo para suprir a perda; isto é, a virtude, que preenche a mente e livra-nos do desejo daquilo que não temos. De que importa se a água flui ou não, desde que a fonte esteja segura?

Um homem é sempre mais sábio por ter uma multidão de amigos, ou mais tolo pela perda deles? Portanto, ele não é o mais feliz nem o mais infeliz.

Vida curta, tristeza e dor são acessões que não têm qualquer efeito sobre a virtude.

Se alguém pudesse ver a mente de um homem bom, e como ela é ilustrada pela virtude; a beleza e grandiosidade dela, em cuja dignidade não se deve pensar sem amor e veneração; um homem não se benzeria diante de tal objeto, como se estivesse diante de um poder sobrenatural? Um poder tão milagroso que é uma espécie de encanto sobre as almas daqueles verdadeiramente por ele afetados. Há uma graciosidade e autoridade tão maravilhosas nela que até o pior dos homens a aprova e decidem-se pela reputação de eles mesmos serem considerados virtuosos. Eles realmente cobiçam o fruto e o lucro da maldade, mas odeiam e têm vergonha de sua pestilência. É por uma impressão da Natureza que todos os homens reverenciam a virtude; eles sabem disso e respeitam isso, embora não o pratiquem: não, pela expressão da sua própria maldade, eles equivocadamente chamam isso de virtude própria. Seus ferimentos eles chamam de benefícios e esperam que um homem deva agradecê-los por terem feito mal a ele; eles escondem suas iniquidades mais infames sob um pretexto de justiça.

O salteador prefere encontrar seu butim a tirá-lo de outrem. Pergunte a qualquer um dos que vivem da rapina, da fraude, da opressão, se ele não preferia desfrutar de uma fortuna conquistada honestamente, e suas consciências não permitirão que neguem isso. Os homens são maus apenas pelas vantagens da vilania; ao mesmo tempo que a cometem, condenam-na.

Outrossim, tão poderosa é a virtude e tão graciosa é a Providência, que todo homem tem colocada dentro de si uma luz a guiá-lo; que todos vemos e reconhecemos, embora não a busquemos. Isso é o que torna o prisioneiro torturado mais feliz do que seu torturador, e a doença melhor do que a saúde, se a suportarmos sem ceder ou sem nos queixar: é isso o que supera o azar e modera a sorte; porque ela transita entre uma coisa e outra, desprezando ambas igualmente. Como o fogo, ela transforma em si tudo o que toca; nossas ações e amizades são tingidas por ela, e tudo o que ela toca se torna agradável.

O que é frágil e mortal ascende e decai, cresce, deteriora-se, e varia em relação a si mesma; mas o estado das coisas divinas é sempre o mesmo;

e assim é com a virtude, seja qual for a questão. Nunca piora por conta da dificuldade da ação, nem melhora por conta da facilidade. É a mesma no rico e no pobre, no doente e no sadio, no forte e no fraco. A virtude dos sitiados é tão grande quanto a dos que os cercam.

Há certas virtudes, confesso, sem as quais um bom homem não pode viver, ainda que ele prefira não ter motivo para empregá-las. Se houvesse alguma diferença, eu preferiria as virtudes da paciência às do prazer; porque é mais corajoso superar dificuldades do que moderar nossos deleites.

Mas, embora o tema da virtude possa ser contra a natureza, como ser queimado ou ferido, ainda assim a própria virtude de uma paciência invencível está de acordo com a natureza. Podemos, talvez, parecer prometer mais do que a natureza humana é capaz de dar; mas estamos falando da mente, e não do corpo.

Se um homem não vive à altura das suas próprias regras, ainda assim vale a pena refletir virtuosamente e ter bons objetivos, mesmo sem agir. A própria aventura de ser bom e o simples objetivo de ter uma vida conspícua têm algo de generoso, ainda que isso vá além da força da fragilidade humana para se realizar. Há um quê de honra no malogro; melhor, na contemplação nua dele. Eu encararia minha própria morte tão bem quanto encararia a de outro homem; eu teria a mesma mentalidade na riqueza ou na pobreza, ganhando ou perdendo no mundo. O que tenho não desperdiçarei de modo perdulário nem usarei frugal e sordidamente, e considerarei os pequenos benefícios como a parte mais digna de minhas posses: não as avaliando por quantidade ou peso, mas pelas vantagens e estima de quem as recebe; sem jamais me considerar mais pobre por aquilo que cedo a uma pessoa digna.

O que eu faço será feito por consciência, não por ostentação. Comerei e beberei, não para agradar o meu paladar ou para me encher ou esvaziar, mas para satisfazer a natureza. Serei agradável com meus amigos e brando e aplacável com meus inimigos. Irei antecipar um pedido honesto se puder prevê-lo, e o concederei sem questionar.

Verei todo o mundo como meu país, e os deuses, tanto como testemunhas quanto como juízes de minhas palavras e feitos.

Viverei e morrerei dando este testemunho: de que amei os bons estudos e a boa consciência; de que nunca feri a liberdade de outro homem e de que preservei minha própria liberdade. Cuidarei da minha vida e de meus pensamentos como se todo o mundo a assistisse e os lesse; porque que sentido faz guardar segredo do meu próximo quando, para Deus, que vasculha nossos corações, nossa privacidade não existe.

Uma parte da virtude consiste em disciplina, a outra, em prática; porque primeiro temos de aprender para depois praticar. Quanto mais cedo nos dedicamos a isso, e quanto mais nos apressarmos, mais tempo gozaremos dos confortos de uma mente corrigida; mais gozaremos desses confortos à medida que eles se formam: mas é um outro tipo de deleite, devo confessar, que advém da contemplação de uma alma que avançou na posse da sabedoria e da virtude. Se fosse tão bom assim passar da sujeição da nossa infância a um estado de liberdade, quão melhor será quando nos livrarmos da frivolidade juvenil de nossa mente e nos colocarmos entre os filósofos? Abandonamos a juventude, sim, mas não nossas indiscrições; e o pior é que temos a autoridade de anciãos e a fraqueza de crianças (poderia ter dito bebês, porque qualquer coisa assusta um, e todas as coisas triviais agradam o outro). Quem quer que estude bem esse aspecto descobrirá que muitas coisas são menos temidas quanto mais terríveis parecem.

Pensar qualquer coisa boa que não seja honesta seria reprovar a Providência; porque homens bons sofrem muitos inconvenientes. Mas a virtude, como o sol, prossegue com seu trabalho, contanto que o ar não fique nublado demais, e termina o seu curso, extinguindo, da mesma forma, todos os outros esplendores e oposições; de modo que a calamidade não está mais para uma mente virtuosa do que a chuva está para o mar.

O que é certo não deve ser avaliado pela quantidade, pelo número, ou pelo tempo; uma vida de apenas um dia pode ser tão honesta quanto uma vida de cem anos: mas, ainda assim, a virtude em um homem pode ter mais espaço para se mostrar do que em outro. Um homem, talvez, pode estar numa posição de administrar cidades e reinos; para criar boas leis, fazer amizades e exercer funções benéficas à humanidade. É o destino de outro homem ser limitado pela pobreza ou ser condenado ao exílio: ainda assim este pode ser tão virtuoso quanto aquele, e pode ter uma mente tão grande, uma prudência tão exata e um senso de justiça tão inviolável, e um conhecimento tão amplo das coisas, tanto divinas quanto humanas, sem as quais um homem não pode ser feliz.

Porque a virtude está aberta a todos; tanto para servos e exilados quanto para príncipes: ela é proveitosa para o mundo e para si mesma em todos os lugares e condições; e não há dificuldade que justifique o fato de um homem não a exercitar.

Os estoicos consideram todas as virtudes iguais; mas, ainda assim, há uma grande variedade de assuntos sobre os quais eles precisam trabalhar, dependendo de serem maiores ou menores, nobres ou não, de longo ou curto alcance. Como todos os homens bons são iguais, ou melhor, como são bons, mas um pode ser jovem, e outro, velho; um pode ser rico, e o outro, pobre; um importante e poderoso, e o outro, desconhecido e obscuro. Há muitas coisas que têm pouca ou nenhuma graça em si mesmas, e que, ainda assim, são gloriosas e notáveis em virtudes. Nada pode ser bom que não dê grandeza nem segurança à mente, mas, em vez disso, infecta-a com insolência, arrogância e doença. E a virtude tampouco habita a ponta da língua, e sim o templo de um coração purificado. Quem depende de qualquer outro bem torna-se cobiçoso da vida e do que a ela pertence, o que expõe o homem a apetites enormes, infinitos e intoleráveis.

A virtude é livre e incansável, e a acompanham a concórdia e a graciosidade; ao passo que o prazer é mesquinho, servil, transitório, cansativo e doentio, e raramente sobrevive após ser saboreado. É o bem do ventre, não do homem, e apenas a felicidade dos brutos. Quem não sabe que os tolos desfrutam de seus prazeres, e que existe uma grande variedade nos entretenimentos da perversidade? Ora, a própria mente tem sua variedade de prazeres perversos, da mesma forma que o corpo: como insolência, arrogância, orgulho, loquacidade, preguiça e o espírito abusivo de tornar tudo ridículo; ao passo que a virtude pondera sobre tudo isso e o corrige. E é o conhecimento dos outros e de si mesma; deve ser aprendida a partir dela mesma; e a própria vontade pode ser ensinada; vontade essa que não pode ser certa, a menos que todo o hábito da mente de onde vem a vontade seja certo. É pelo impulso da virtude que amamos a virtude, de modo que o próprio caminho para a virtude reside na virtude, que também absorve, sob certa perspectiva, as leis da vida humana.

Tampouco devemos nos avaliar com base em um dia, uma hora ou uma ação qualquer, mas com base no hábito da mente como um todo. Alguns homens corajosamente fazem uma coisa, mas outra, não; eles se encolherão na infâmia e suportarão a pobreza [...]. Mas a alma nunca está no lugar certo até que seja liberta dos cuidados com os assuntos humanos. Temos de trabalhar e subir a colina se quisermos chegar à virtude, cujo assento está no topo dela.

Aquele que domina a avareza e é verdadeiramente bom mantém-se firme contra a ambição; ele contempla sua hora derradeira não como um castigo, mas como a justiça de um destino trivial.

Aquele que reprime seus desejos carnais deve facilmente manter-se imaculado; de modo que a razão não encontra por si mesma este ou aquele vício, mas derruba todos com um só golpe.

Por que ele se importa com a ignomínia que o avalia apenas pela consciência, não pela opinião? Sócrates (469–399 a.C.) encarou uma morte vergonhosa com a mesma firmeza com que tinha encarado os trinta tiranos; sua virtude tornou sagrada a própria masmorra.

Aquele que é sábio se regozijará até mesmo em uma opinião desfavorável que seja bem recebida. É ostentação, não virtude, quando um homem quer que suas boas ações sejam publicadas; e não é suficiente ser justo onde se pode obter honra, mas continuar sendo justo ao arrepio da infâmia e do perigo.

Mas a virtude não pode ficar escondida, pois chegará o tempo que a levantará novamente, mesmo depois de ter sido enterrada, e a livrará da maldade da época que a oprimiu. A glória imortal é a sua sombra, e lhe faz companhia, quer nós queiramos ou não; mas, às vezes, a sombra vai adiante da matéria, e, outras enquanto a segue. E, quanto mais tarde chega, maior é, quando até a inveja terá dado lugar a ela. Já se passou muito tempo desde que Demócrito (460–370 a.C.) foi tomado por louco e antes que Sócrates tivesse qualquer estima no mundo. Quanto tempo demorou para que Marco Pórcio Catão[4] (234–149 a.C.) pudesse ser compreendido? Ora, ele foi afrontado,

---

[4] Referência ao político, escritor e historiador romano Marco Pórcio Catão, que se destacou principalmente por sua carreira pública na República Romana. Apesar de ser de origem plebeia, galgou altos postos, tendo sido apadrinhado por Lúcio Valério Flaco (†180 a.C.), dentre os quais se destaca a eleição para

condenado e rejeitado; e as pessoas jamais souberam o seu valor até o terem perdido.

Agora, da mesma forma que o corpo deve ser refreado na descida e compelido para subir, há virtudes que exigem a rédea; e outras, a espora. Em liberalidade, temperança e docilidade de caráter temos que nos conter por medo de cair; mas em paciência, determinação e perseverança, onde devemos subir a colina, precisamos de encorajamento. Mediante essa divisão da questão, prefiro trilhar o caminho mais suave a passar pelas experiências de suor e sangue: sei que é meu dever estar contente em todas as situações; mas, ainda assim, se a escolha dependesse de mim, eu escolheria o caminho mais belo.

Quando um homem, em algum momento, vem a precisar da sorte, sua vida fica assustadora, cheia de desconfiança, temerosa, dependente de cada instante e com medo de cada acontecimento. Como pode esse homem se entregar a Deus, ou suportar seu fardo, seja qual for ele, sem murmurar e submeter-se alegremente à Providência, quando ele se encolhe a cada movimento de prazer ou de dor? É somente a virtude que nos eleva acima das dores, esperanças, medos e oportunidades, e nos torna não apenas pacientes como também dispostos, sabendo que todo o nosso sofrimento obedece a uma lei celestial.

Aquele que é dominado pelo prazer (um inimigo tão desprezível e fraco), o que será dele quando tiver de enfrentar os perigos, necessidades, tormentas, mortes e a dissolução da própria natureza?

Riqueza, honra e favor podem vir sobre um homem por acaso; ora, essas coisas podem até mesmo chegar a ele sem que ele as busque; e certamente vale a pena adquirir aquele bem que traz consigo todos os outros.

Um homem bom é feliz em seu íntimo, e, independentemente da sorte, é gentil com seu amigo, contido com seu inimigo, religiosamente justo, incansavelmente trabalhador; e ele cumpre todas as suas obrigações com constância e coerência de ações.

---

cônsul, em 195 a.C., com o próprio Flaco. Além da atuação na vida política, Catão se notabilizou como escritor, tendo sido o primeiro autor a escrever uma história da Itália em latim, sendo reconhecido após sua morte como um dos prosadores mais proeminentes da língua latina. Cabe salientar que se trata do Catão, o velho, tal como era conhecido, para não confundir com seu bisneto, Marco Pórcio Catão (95–46 a.C.), comumente denominado como Catão, o jovem. (N. E.)

III.
FILOSOFIA, O GUIA DA VIDA

Sócrates coloca toda a filosofia na moral e coloca a sabedoria na distinção entre o bem e o mal. A filosofia é a arte e a lei da vida; ela nos ensina o que fazer em todas as situações e, como bons atiradores, acertarmos o alvo a qualquer distância. A força disso é espetacular; pois nos dá, na fraqueza de um homem, a segurança de um espírito: na doença, é tão boa quanto um remédio; porque tudo o que traz alívio para a mente é também proveitoso para o corpo. O médico pode prescrever dieta e exercícios e ajustar seu tratamento e remédio à doença, mas é a filosofia que deve nos levar ao desprezo pela morte, que é o remédio para todas as doenças. Na pobreza, ela nos dá riquezas, ou um estado de espírito tal que as torna supérfluas para nós. Ela nos arma contra todas as dificuldades: um homem é pressionado pela morte; outro, pela pobreza; alguns, pela inveja; outros ficam ofendidos com a Providência e contrariados com a condição geral da humanidade.

Mas a filosofia instiga-nos a confortar o prisioneiro, o enfermo, o necessitado, o condenado; a mostrar ao ignorante seus erros e corrigir suas paixões. Ela nos faz examinar e controlar nossos modos. Ela nos desperta onde estamos desfalecendo e cochilando, liga o que está solto e humilha em nós o que é obstinado. Ela liberta a mente da servidão do corpo e a eleva à contemplação de sua origem divina.

Honras, monumentos e todas as obras da vaidade e da ambição são demolidas e arrasadas pelo tempo; mas a reputação de sabedoria é sagrada para a posteridade; e aqueles que foram invejados ou negligenciados durante suas vidas são adorados em suas memórias e isentos das próprias leis da natureza criada, a qual estabeleceu limites para todas as outras coisas. A própria sombra da glória carrega um homem de honra sobre todos os perigos, levando-o a desprezar o fogo e a espada; e seria lamentável se a correta razão não inspirasse resoluções na mesma medida generosa no homem de virtude.

A filosofia igualmente não é vantajosa apenas para o público, mas um sábio ajuda o outro, inclusive no exercício das virtudes. Um precisa do outro, tanto para conversas quanto para conselhos; pois suscitam uma rivalidade mútua para bons feitos. Ainda não somos tão perfeitos, mas muitas coisas boas ainda precisam ser descobertas, o que nos dará o benefício recíproco de edificarmos uns aos outros; e quanto mais os vícios se misturam, pior ficam — o mesmo ocorre, só que ao contrário, com os homens bons e suas virtudes.

Assim como os homens das letras são os amigos mais úteis e excelentes, eles também são o melhor dos súditos por serem melhores juízes das bênçãos das quais gozam sob um governo ordeiro e daquilo que devem aos magistrados por sua liberdade e proteção. Eles são homens de sobriedade e conhecimento, e livres de jactância e violência. Eles reprovam o vício sem reprovar a pessoa; porque aprenderam a ser sábios sem presunção ou inveja.

O que vemos nas altas montanhas encontramos nos filósofos; eles parecem mais altos de perto do que de longe. Eles estão elevados sobre os demais, mas a sua grandeza é significativa. Eles não ficam na ponta dos pés a fim de que possam parecer mais altos do que de fato são, mas, contentes com a própria estatura, consideram-se suficientemente altos quando a fortuna não consegue chegar até eles.

É pela generosidade da natureza que vivemos, mas é pela filosofia que vivemos bem, a qual é, na verdade, um bem maior do que a própria vida.

A filosofia também é uma dádiva do Céu quanto à faculdade, mas não quanto à ciência; pois esta, por sua vez, deve ser da alçada da diligência.

Nenhum homem nasce sábio; pelo contrário, a sabedoria e a virtude exigem um professor, embora possamos facilmente aprender a ser cruéis sem um mestre.

É a filosofia que nos faz reverenciar Deus, ser caridosos para com o próximo, ensina-nos nosso dever para com o Céu, e que nos exorta a chegarmos a um acordo mútuo. Ela desmascara coisas que são horríveis para nós, aplaca nossas cobiças, refuta nossos erros, contém nossa luxúria, repreende nossa avareza e opera estranhamente nos espíritos mais dóceis.

Eu nunca pude ouvir Átalo sobre os vícios da maioridade e os erros da vida sem sentir compaixão pela humanidade; e, em seus discursos a respeito da pobreza, havia algo que me pareceu mais humano. "Mais do que usamos", diz ele, "é mais do que precisamos e apenas um fardo para quem carrega". Aquele seu ditado me deixou sem graça diante da superficialidade de minha própria fortuna. Portanto, em suas críticas aos prazeres vãos, ele promoveu a tal ponto as felicidades de uma mesa sóbria, de uma mente pura e de um corpo casto que um homem não poderia ouvi-lo sem amar a reserva e a moderação. Diante dessas suas lições, neguei-me, por algum tempo, certas delícias às quais eu havia anteriormente me habituado: mas, em pouco tempo, tive uma recaída, mas de uma maneira tão frugal que cheguei muito perto da abstinência completa.

Os filósofos são os tutores da humanidade; se eles descobriram os remédios para a mente, então é nosso dever usá-los. Não consigo pensar em Catão, Lélio[5], Sócrates e Platão sem veneração: os seus próprios nomes são, para mim, sagrados.

A filosofia é a saúde da mente. Vamos ater-nos a essa saúde primeiro e, depois, à saúde do corpo, que pode ser alcançada de maneira mais fácil; pois um braço forte, uma constituição robusta, ou a habilidade para obtê-la, não são assunto de filósofo. Ele faz algumas coisas como sábio e outras coisas como homem que é homem; e ele pode ter força tanto no corpo quanto na mente. Mas, se ele corre ou bate com o malho, seria injusto atribuir isso à sua sabedoria, que é comum ao maior dos tolos. Ele estuda mais para encher sua mente dos que seus cofres; e ele sabe que o ouro e a prata estavam misturados à terra até que a avareza ou ambição os separou. Sua vida é ordenada, destemida, justa, segura; ele permanece firme em qualquer situação extrema, e suporta seu fardo e da sua humanidade com uma disposição divina.

Há uma enorme diferença entre o esplendor da filosofia e o da sorte; a primeira brilha com a luz original, e a segunda, com uma luz emprestada; aliás, a filosofia torna-nos felizes e imortais: pois o aprendizado sobreviverá aos palácios e monumentos.

A casa do sábio é segura, embora simples; nela não há barulho nem mobiliário, nenhum porteiro à porta, nem qualquer coisa que seja vendável ou negociável, nem que tenha qualquer relação com a sorte; pois ela [a sorte]

---

[5] Caio Lélio Sapiente (188-125 a.C.) foi um importante político da República Romana, que foi eleito cônsul, em 140 a.C., juntamente com Quinto Servílio Cepião (†112 a.C.). Era filho de Caio Lélio (235-160 a.C.), eleito cônsul em 190 a.C., que foi conhecido como um dos mais leais companheiros políticos e militares de Públio Cornélio Cipião Africano (236-183 a.C.), tendo seguido os passos do pai e se tornado leal ao neto deste último, o político e militar Públio Cornélio Cipião Emiliano Africano (185-129 a.C.), conhecido também como Cipião Africano Menor ou Cipião Emiliano. Caio Lélio Sapiente participou do chamado "Círculo de Cipião", importante grupo intelectual que reunia aliados políticos, amigos e entusiastas do helenismo. (N. E.)

não tem nada para fazer onde ela não tem nada do que cuidar. Esse é o caminho que a Natureza traçou para o Céu, e ele é seguro e agradável; não é preciso um séquito de servos nem pompa ou comitiva para fazer valer nossa passagem; nenhum dinheiro ou cartas de crédito para as despesas da viagem; mas as graças de uma mente honesta irão servir-nos ao longo do caminho e nos farão felizes ao fim da nossa jornada.

Vou lhe dizer agora a minha opinião sobre as ciências liberais: não me agrada nada que tenha por objetivo o lucro ou o dinheiro; ainda assim irei considerá-las até o momento benéficas, uma vez que elas apenas preparam o conhecimento sem mantê-lo preso. Elas não são senão os rudimentos da sabedoria, e somente então devem ser aprendidas, a saber, quando a mente não é capaz de nada melhor, além de valer mais a pena guardar do que adquirir o conhecimento a respeito delas. Elas nem mesmo têm a intenção de nos tornar virtuosos, mas apenas de nos dar uma aptidão ou disposição para tal.

O trabalho do gramático reside na sintaxe da fala; ou, se ele avança para a história ou para a métrica do verso, estará no fim da carreira. Mas o que significa a coerência dos períodos, a contagem das sílabas, ou a modificação dos números em relação à doma das nossas paixões ou à sublimação dos nossos desejos? O filósofo prova que o corpo do sol é enorme, mas para termos as dimensões exatas dele precisamos recorrer ao matemático: se a geometria e a música não nos ensinam a dominar nossas esperanças e temores, todo o resto tem pouco propósito.

Nós empenhamos grande esforço para acompanhar Ulisses em suas andanças; mas o tempo investido nesse esforço não foi igualmente bem gasto nem olhamos para nós mesmos para que não precisássemos mais ficar vagando a esmo? Não somos nós mesmos sacudidos por paixões tempestuosas e atacados por monstros terríveis, de um lado, e por sereias, de outro?

Ensina-me meu dever com meu país, meu pai, minha esposa, a humanidade. De que significa para mim se Penélope foi ou não honesta — ensina a mim como ser honesto e a viver de acordo com isso. Em que sou melhor por reunir várias partes na música e criar uma harmonia a partir de tantos tons diferentes? Ensina-me a afinar minhas afeições e a manter-me firme para comigo mesmo. A geometria ensina-me a arte da mensuração da terra; ensina-me a mensurar meus apetites e a reconhecer quando tive o bastante. Ensina-me a dividir com meu irmão e a regozijar-me na prosperidade do meu próximo. Você me ensina a manter-me firme e a proteger minha propriedade, mas eu preferiria aprender como posso perder tudo e, ainda assim, estar contente.

Não fui eu um louco por sentar-me e ficar discutindo palavras e fazendo perguntas agradáveis e impertinentes quando o inimigo já rompeu o cerco, a cidade atirou por sobre a minha cabeça, e a mina estava prestes a explodir-me, lançando-me pelos ares? Era hora de tolices? Que antes eu me proteja da morte e das necessidades que são inevitáveis; que eu entenda que o bom da vida não consiste no espaço e na duração dela, mas no uso que se faz dela.

Quando vou dormir, quem sabe se acordarei novamente; e, quando acordo, quem sabe se voltarei a dormir? Quando viajo, quem sabe se retornarei para casa; e, quando retorno, quem sabe se viajarei novamente? Não é só no mar que a vida e a morte ficam a centímetros uma da outra; mas elas estão próximas em todos os outros lugares também, só que não prestamos muita atenção nisso. O que temos a ver com questões frívolas e ardilosas e sutilezas impertinentes? Pelo contrário, estudemos como nos livrar da tristeza, do medo e do peso de todas as nossas concupiscências secretas: que deixemos de lado nossas mais solenes frivolidades e apressemo-nos para uma boa vida, que é algo que nos pressiona.

Por acaso um homem que procura uma parteira deve ficar parado diante de um cartaz esperando para ver qual a peça do dia? Ou, quando sua casa está pegando fogo, ele deve ajeitar os cachos de sua peruca antes de pedir ajuda? Ou nossas casas estão pegando fogo, nosso país invadido, nossos bens roubados, nossas crianças em perigo; e devo acrescentar a isso as calamidades de terremotos, naufrágios, e o que houver a mais de mais terrível. É hora de nós nos precipitarmos com frivolidades, que não passam na verdade de enigmas infrutíferos?

Nosso dever é a cura da mente, e não o deleite dela; mas só temos as palavras da sabedoria sem as obras e fazer da filosofia um prazer dado como remédio.

Somos doentes e cheios de feridas, e devemos ser lancetados e escarificados, e todo homem tem tantas ocupações dentro de si quanto um médico tem em uma peste comum.

Os infortúnios, por fim, não podem ser evitados; mas podem ser abrandados, quando não superados; e nossas vidas podem-se tornar felizes pela filosofia.

IV.
A FORÇA DOS PRECEITOS

Parece haver uma grande afinidade entre a sabedoria, a filosofia e os bons conselhos, em que os dividir é mais uma questão de curiosidade do que de proveito; sendo a filosofia apenas uma sabedoria limitada; e os bons conselhos, uma forma de comunicar essa sabedoria, para o bem dos outros, como o de nós mesmos, para a posteridade, bem como para o presente.

A sabedoria dos antigos, relativamente ao governo da vida, não passava de certos preceitos do que fazer e do que não fazer: e os homens eram muito melhores nessa simplicidade, pois, à medida que se tornavam mais eruditos, deixavam de preocupar-se em serem bons. Essa virtude simples e aberta transformou-se agora numa ciência complexa e obscura. Somos ensinados a guerrear, não a viver. Enquanto a maldade era simples, remédios simples também eram suficientes contra ela; mas agora que a maldade criou raízes e espalhou-se precisamos lançar mão de remédios mais fortes.

Se um homem cumpre suas obrigações, ele nunca fará isso com constância e de modo igual, sem saber por que o faz; e, se o que ele faz é apenas por acaso ou por hábito, aquele que se sai bem pelo acaso também pode, pelo acaso, fazer o mal. E, além disso, um preceito pode-nos orientar quanto ao que devemos fazer, e, ainda assim, fracassar na maneira de fazê-lo: uma diversão cara pode, em um caso, ser extravagância ou gula, e uma questão de honra e discrição em outro.

Os preceitos são inúteis, se primeiro não nos ensinarem que opinião devemos ter sobre certo assunto: seja pobreza, riqueza, desgraça, doença, exílio etc. Vamos, pois, examiná-los um a um; não do modo como eles são chamados, mas o que são na realidade.

De nada vale estimar muito a prudência, a fortaleza, a temperança, a justiça, se primeiro não soubermos o que é virtude — se uma ou mais, ou se quem tem uma tem todas, ou como são diferentes entre si.

Os preceitos são muito importantes; e ter uns poucos úteis à mão faz mais para uma vida feliz do que volumes inteiros ou advertências, que não sabemos onde encontrar. Esses preceitos salutares devem ser nossas reflexões diárias, porque eles são as regras pelas quais devemos enquadrar nossas vidas.

É por preceito que o entendimento é nutrido e aumenta; as obras da prudência e da justiça são guiadas por eles, e nos conduzem ao cumprimento dos nossos deveres.

É uma virtude imensa amar, dar e seguir bons conselhos; se isso não nos leva à honestidade, pelo menos nos prepara para ela. Como os vários instrumentos compõem uma só harmonia e a música mais agradável surge de dissonâncias, da mesma forma um homem sábio deve reunir muitos atos, muitos preceitos e os exemplos de muitas artes para compor sua própria vida.

Nossos antepassados deixaram-nos encarregados de evitar três coisas: o ódio, a inveja e o desprezo. Ora, é difícil evitar a inveja e não cair no desprezo; porque, ao tomarmos grande cuidado para não usurpar os outros, muitas vezes ficamos sujeitos a sermos atropelados por nós mesmos.

Um bom conselho é o serviço mais necessário que podemos prestar à humanidade; e, se os dermos a muitos, certamente será proveitoso para alguns: porque, das muitas tentativas, algumas, sem dúvida, serão bem-sucedidas.

É uma marca clara de sabedoria para um homem ser sempre fiel a si mesmo. Sempre haverá aqueles que economizam à mesa, mas esbanjam na construção; permitem-se tudo e proíbem os outros; são avaros em casa e extravagantes fora dela. Essa diversidade é maléfica e é o efeito de uma mente insatisfeita e inquieta; ao passo que todo sábio vive uma vida regrada.

Em todas as nossas iniciativas, examinemos, primeiro, nossa própria força; a tarefa, depois; e, em terceiro lugar, as pessoas com quem estamos envolvidos. O primeiro ponto é o mais importante, pois tendemos a supervalorizar-nos e a achar que podemos fazer mais do que de fato somos capazes.

Somos todos escravos da sorte: alguns presos apenas em correntes leves e douradas, outros, em correntes apertadas e mais grosseiras: ora, e os que nos prendem também são escravos, alguns da honra, outros da riqueza; alguns do cargo, e outros do desprezo; alguns de seus superiores, e outros de si mesmos. Ora, a vida em si é servidão: tiremos, pois, o melhor proveito dela, pois, e com nossa filosofia, reparemos nossa sorte.

Não cobicemos nada que esteja fora do nosso alcance, mas contentemo-nos com coisas que dão esperança e são alcançáveis; e sem invejar as regalias dos outros: pois a grandeza está sobre um despenhadeiro íngreme, e é muito mais seguro e tranquilo viver em uma superfície plana. Quantos grandes homens são obrigados a manter sua posição social por mera necessidade; por que eles acham que a única maneira de sair dela é atirando-se de cabeça? Esses homens fazem por bem fortalecerem-se contra as consequências danosas por meio das virtudes e da reflexão que possam deixá-los menos ansiosos pelo futuro. O expediente mais seguro, nesse caso, é conter nossos desejos e não deixar nada para o acaso que possa ficar sob o nosso controle. Nem esse curso irá nos formar de maneira completa, mas ele nos mostra, na pior das hipóteses, o final dos nossos problemas.

Um ponto principal é cuidarmos para que não proponhamos nada que não seja esperançoso e honesto. Porque será igualmente problemático para nós não sermos bem-sucedidos ou nos envergonharmos do sucesso. Portanto, certifiquemo-nos de não admitir nenhum desígnio maligno em nossos corações; para que possamos levantar mãos puras ao céu e não pedir nada que acarrete uma perda para outra pessoa. Oremos por uma boa mente, que é um desejo de não prejudicar ninguém.

Eu sempre me lembrarei de que sou um homem, e, então, considerarei que, se estou feliz, isso não durará para sempre; se estiver infeliz, posso agir de modo diferente, se quiser. Carregarei minha vida na minha mão e prontamente abdicarei dela quando me for pedido.

Tomarei cuidado para não virar escravo de mim mesmo. Terei o cuidado de ser escravo de mim mesmo, pois, de todas as servidões, é perpétua, vergonhosa e a mais pesada: o que pode ser feito pela moderação dos desejos. Direi a mim mesmo: "pelo que eu trabalho, suo e peço, quando o que quero é muito pouco e não demorará muito para que eu precise de alguma coisa?"

Aquele que deseja colocar a firmeza de sua mente à prova, que reserve alguns dias para a prática de suas virtudes. Que ele se mortifique com o jejum, roupas grosseiras e alojamento austero; e daí diga a si mesmo: "Era disso que eu tinha tanto medo?" Em estado de segurança, um homem pode, dessa forma, preparar-se contra os perigos, e, em abundância, fortalecer-se contra a necessidade.

Aquele que quiser viver feliz não deve confiar nem na sorte nem se submeter ao azar. Ele deve estar atento contra todos os ataques; ele deve ficar consigo mesmo, sem qualquer dependência de outras pessoas.

Onde a mente é tingida pela filosofia, não há lugar para a dor, a ansiedade, ou aflições supérfluas. É obcecado com a virtude que negligencia a fortuna, o que nos leva a um grau de segurança que não deve ser perturbada.

É mais fácil dar do que aceitar um conselho; e é comum um homem colérico condenar o outro. Podemos, às vezes, ser sinceros em nossos conselhos, mas nunca agressivos ou enfadonhos. É melhor usar poucas palavras, com gentileza e eficácia. A desgraça é que o sábio não precisa de conselhos, e os tolos não os aceitam. Um bom homem, é bem verdade, deleita-se neles; e é um sinal de tolice e perversidade odiar a repreensão.

Para um amigo, eu seria sempre franco e direto, e preferiria falhar no sucesso a ser deficiente em matéria de fé e confiança.

Não me diga o que um homem deve fazer na saúde ou na pobreza, mas me mostre o caminho para ser saudável ou rico. Ensina-me a dominar meus vícios: pois é inútil, enquanto eu estiver sob o seu governo, dizer-me o que devo fazer depois que estiver livre deles.

No caso de uma avareza um pouco amenizada, de um luxo moderado, de uma ousadia contida, de um temperamento indolente despertado; os preceitos nos ajudarão a seguir em frente e nos ensinarão como nos comportarmos.

Aquele que pretende ter uma vida feliz deve primeiro estabelecer as bases na virtude, como um vínculo sobre si mesmo, para viver e morrer fiel a essa causa. Não encontramos a felicidade nos veios da terra onde procuramos ouro, nem no fundo do mar onde procuramos pérolas, mas em uma mente pura e imaculada que, se não fosse sagrada, não seria adequada para entreter a Divindade.

Aquele que quer ser verdadeiramente feliz deve refletir melhor sobre sua própria sorte, e, portanto, viver com os homens sabendo que Deus o vê, e, dessa forma, falar com Deus como se os homens o ouvissem.

V.
NÃO EXISTE FELICIDADE MAIOR DO QUE A PAZ DE CONSCIÊNCIA

Uma boa consciência é o testemunho de uma vida boa e a recompensa por ela. É ela o que fortalece a mente contra o acaso, quando um homem já dominou suas paixões, depositou seu tesouro e sua segurança em si mesmo, aprendeu a contentar-se com sua condição, e que a morte não é o mal em si, mas apenas o fim do homem.

Aquele que dedica sua mente à virtude e ao bem da sociedade humana, da qual faz parte, consumou tudo o que lhe é benéfico ou necessário saber ou fazer para alcançar a própria paz.

Uma mente grande, boa e correta é uma espécie de divindade alojada na carne, e pode ser a bênção tanto de escravo quanto de príncipe; ela veio do céu e ao céu deve retornar; e é uma espécie de felicidade celestial de que a mente pura e virtuosa goza, em certo grau, até mesmo na terra: ao passo que os templos de honra são apenas nomes vazios, que provavelmente devem seu início à ambição ou violência.

Sou estranhamente arrebatado por pensamentos sobre a eternidade; não, pela crença nela; pois venero profundamente as opiniões de grandes homens, sobretudo quando eles prometem coisas que me são muito satisfatórias: pois eles de fato as prometem, embora não as provem. Na questão da imortalidade da alma, isso vai muito longe para mim, um consentimento geral à opinião de uma recompensa e castigo futuros; cuja reflexão me leva a desprezar esta vida na esperança de uma melhor.

Mas, ainda assim, embora saibamos que temos uma alma, o que é a alma, como e de onde ela vem, somos totalmente ignorantes a respeito disso. Nós entendemos apenas isto: que todo o bem e todo o mal que fazemos está sob o domínio da mente; que uma consciência limpa nos deixa em um estado de paz inviolável; e que a maior bênção da Natureza é aquela que todo homem honesto pode dar a si mesmo.

O corpo é apenas a obstrução e o prisioneiro da mente, jogado para cima e para baixo e assolado por castigos, violências e doenças; mas a mente propriamente dita é sagrada e eterna, e livre do perigo de todas as impressões reais.

Não há homem que não aprove a virtude, embora poucos a busquem. Vemos onde ela está, mas não ousamos ir até ela: isso, porque superestimamos aquilo que devemos abandonar para obtê-la.

Uma consciência boa não teme testemunhas, enquanto uma consciência culpada fica ansiosa até mesmo na solidão. Se não fizermos nada além do que é honesto, que o mundo todo saiba disso; mas, se for o contrário, o que significa não ter ninguém mais sabendo disso, desde que eu mesmo saiba: triste daquele que despreza essa testemunha!

A maldade, é bem verdade, pode escapar à lei, mas não à consciência: pois uma condenação privada é o primeiro e maior castigo dos infratores; de modo que o pecado castiga a si mesmo; e o medo da vingança persegue até mesmo os que escaparam de seu ataque. Seria ruim para os homens bons que a iniquidade pudesse escapar tão facilmente da lei, do juiz e da execução se a Natureza não tivesse criado tormentos e forcas na consciência dos transgressores.

Esses são os únicos prazeres certos e proveitosos, que surgem da consciência de uma vida bem vivida; não importa o barulho de fora, desde que estejamos aquietados por dentro. Mas se nossas paixões são sediciosas, isso basta para nos manter acordados, sem nenhum outro tumulto.

Aquele que pretende conhecer perfeitamente a si mesmo, que deixe de lado seu dinheiro, sua sorte, sua dignidade, e examine-se nu, sem ter que aprender dos outros o conhecimento de si mesmo.

É perigoso para um homem muito repentinamente, ou muito facilmente, acreditar em si mesmo. Por isso, vamos examinar, assistir, observar e inspecionar nossos próprios corações; pois nós mesmos somos os nossos maiores bajuladores: todas as noites deveríamos fazer um ajuste de contas: "Que enfermidade dominei hoje? A que paixão me opus? A que tentação resisti? Que virtude adquiri?" Nossos vícios diminuirão por si mesmos se forem confessados diariamente. Ah, o abençoado sono que se segue a tal diário! Ah, a tranquilidade, liberdade e grandiosidade da mente que é espiã de si mesma e uma censora particular de suas próprias condutas!

É meu costume, todas as noites, assim que a vela se apaga, voltar às palavras e ações do dia anterior, sem deixar nada escapar de mim; afinal, por que eu deveria temer a visão de meus próprios erros quando sou capaz de me repreender e me perdoar? "Eu estava um pouco exaltado naquela discussão: minha opinião também poderia ter sido poupada, pois ofendeu e não serviu de nada. O que eu disse era a verdade, mas nem todas as verdades devem ser ditas o tempo todo. Eu deveria ter dobrado a língua, porque não há motivo para debater com tolos nem com nossos superiores. Eu fiz mal, mas isso não será mais assim". Se cada homem apenas olhasse para si mesmo, seria melhor para todos nós.

É um grande conforto que estejamos condenados apenas ao mesmo destino com o universo. Os próprios céus também são mortais, assim como nossos corpos; a Natureza tornou-nos passivos, e sofrer é nosso destino. Enquanto estamos na carne, todo homem tem sua corrente e sua obstrução, que só é mais folgada e mais fácil para um homem do que para outro; e fica mais à vontade aquele que as pega e carrega do que aquele que as arrasta.

Nascemos para perder e perecer, para ter esperança e temer, para atormentar a nós mesmos e aos outros; e não há outro antídoto contra uma calamidade comum que não a virtude: pois o fundamento da verdadeira felicidade está na consciência.

VI.
Um homem bom jamais pode ser infeliz

Não há na escala da natureza uma relação mais indissociável de causa e efeito do que no caso da felicidade e da virtude: tampouco há nada que gere mais naturalmente a primeira, ou que pressuponha com mais urgência a segunda. Afinal, o que é ser feliz senão o homem estar contente com seu destino, e tranquila e alegremente resignado diante dos desígnios de Deus?

Tudo o que fazemos na vida deve ser governado com respeito ao bem e ao mal; e somente a razão é capaz de distingui-los; razão pela qual somos de tal modo influenciados que é como se um raio da Divindade mergulhasse em um corpo mortal, e essa é a perfeição da humanidade.

Não é saúde, título nobiliárquico ou as riquezas o que pode justificar um homem mau; tampouco é a carência dessas coisas o que pode descreditar um homem bom.

É dever de todo homem fazer de si mesmo alguém benéfico para a humanidade: se puder, para muitas pessoas; se não, para menos; se não, para seu próximo; mas, no entanto, pelo menos, para si mesmo.

Um homem bom pode servir ao povo, ao seu amigo e a si mesmo, em qualquer posição social: se não é pela espada, que pegue a toga; se o tribunal não lhe cai bem, que ele tente o púlpito; se silenciado no exterior, que ele dê conselhos em casa, e faça o papel de amigo fiel e companheiro comedido. Quando ele já não é mais um cidadão, ele ainda é um homem; mas o mundo todo é seu país, e a natureza humana nunca quer assuntos para resolver. Ora, aquele que gasta bem seu tempo, mesmo na aposentadoria, dá um ótimo exemplo.

Podemos, de fato, expandir-nos ou contrair-nos de acordo com as circunstâncias do tempo, do lugar e/ou das habilidades; mas, acima de tudo, devemos ter certeza de nos mantermos ativos; porque o preguiçoso está realmente morto mesmo em vida.

Já houve desespero maior do que o de Atenas sob os trinta tiranos, onde era capital ser honesto, e o Senado foi transformado em numa faculdade de carrascos? Nunca um governo foi tão miserável e sem esperança; e, todavia, Sócrates, ao mesmo tempo, pregou comedimento aos tiranos e coragem aos demais, e depois morreu; um exemplo eminente de fé e determinação, e um sacrifício pelo bem comum.

Sempre que aquele que me emprestou a mim mesmo, e o que eu possuo, requerer tudo de volta, não se tratará de uma perda, mas de uma restituição, e eu devo voluntariamente entregar tudo o que mais imerecidamente me foi concedido; e caberá a mim devolver uma mente melhor do que a que recebi.

Demétrio (337–283 a.C.), ao tomar Megara, perguntou ao filósofo Estilpo (360–280 a.C.) o que ele havia perdido. "Nada", disse ele, "pois eu tinha comigo tudo o que poderia chamar de meu". E, ainda assim, o inimigo havia se tornado senhor do seu patrimônio, dos seus filhos e do seu país; mas ele via essas coisas como bens adventícios e sob o comando do Destino.

Um homem bom cumpre seu dever, que nunca seja sofrido demais, perigoso demais ou uma perda demasiada para ele. E nem todo o dinheiro, poder e prazer do mundo, nem tampouco qualquer necessidade, pode torná-lo perverso. Ele considera o que deve fazer, e não o que deve sofrer, e irá manter-se em seu curso, embora não deva haver nada além de forcas e tormentos e patíbulos no caminho.

É uma característica indubitável da mente corajosa não ser abalada por nenhum acidente. A parte mais alta da atmosfera não admite nuvens ou tempestades, os trovões e meteoros formam-se abaixo dela. E esta é a diferença entre uma mente mesquinha e outra elevada: a primeira é rude e conflituosa, a segunda é modesta, venerável, contida e sempre tranquila em seu posto.

Em resumo, é a consciência que pronuncia sobre o homem se será feliz ou infeliz.

Que a maldade corra solta como possa no tribunal, pois ela jamais falha em fazer justiça a si mesma. Pois todo culpado é seu próprio carrasco.

VII.
Providência, a cura dos infortúnios

Não nos é possível compreender o que é o Poder que fez todas as coisas. Algumas raras faíscas dessa Divindade foram descobertas, mas a maior parte jaz oculta. Todos nós, contudo, até agora concordamos, em primeiro lugar, com o reconhecimento e a crença nesse Ser todo-poderoso; e, em segundo lugar, concordamos que devemos atribuir a ele toda a majestade e bondade.

"Se há uma Providência", dizem alguns, "como é que os bons homens trabalham sob aflição e adversidade, e os homens ímpios desfrutam de facilidade e abundância?" Minha resposta é: Deus age conosco como um bom pai age com seus filhos. Ele nos desafia, deixa-nos mais resistentes e prepara-nos para si. Ele mantém uma mão firme sobre aqueles que ama, e com o restante Ele faz como fazemos com nossos escravos; Ele os deixa viver em liberdade e ousadia. Como o mestre que passa as lições mais difíceis para seus alunos mais promissores, é assim que Deus lida com os espíritos mais generosos. E não devemos considerar os encontros cruzados do destino como crueldade, mas como uma competição: a familiaridade com os perigos leva-nos a desprezá-los, e essa é a parte que é mais exercitada. A mão do marinheiro é calejada, o braço do soldado é forte e a árvore mais exposta ao vento é a mais bem arraigada.

Não existe estado de vida tão miserável, senão aqueles em que há remissões, diversões, não, e também deleites. Nisso consiste a benignidade da Natureza para conosco, mesmo nas maiores adversidades da vida humana. Não haveria como viver se a adversidade persistisse desde o início e mantivesse a força da primeira impressão. Todas essas terríveis aparências que nos fazem gemer e tremer não passam de um tributo à vida. Não devemos desejar, pedir ou esperar fugir das adversidades, porque é uma espécie de desonestidade pagar um tributo de má vontade.

Estou incomodado com a pedra ou aflito pelas perdas contínuas? Ora, meu corpo corre perigo? Tudo isso eu pedi em oração ao rezar para chegar à velhice. Todas essas coisas são tão familiares em uma vida longa quanto a poeira e a terra em um caminho longo. A vida é uma guerra. E que homem corajoso não preferiria estar em uma tenda a estar em meio a ruínas?

É somente na adversidade e em épocas ruins que encontramos os grandes exemplos.

No sofrimento pela virtude, não é o tormento, mas a causa que devemos considerar; quanto mais dor, mais renome.

Quando nos sobrevém alguma dificuldade, devemos encará-la como um ato da Providência, que muitas vezes permite que indivíduos sofram pela preservação do todo.

Quantas fatalidades e dificuldades existem que tememos como males insuportáveis, as quais, pensando melhor, descobrimos serem mercês e benesses; tais como exílio, pobreza, perda de laços familiares, doença, desgraça. Alguns são curados pela lança, fogo, fome, sede, remoção de ossos, pela amputação de membros e coisas do tipo. Tampouco tememos apenas coisas que muitas vezes nos são benéficas; mas, por outro lado, ansiamos e perseguimos coisas que são mortais e perniciosas. Somos envenenados pelos próprios prazeres da nossa luxúria e expostos a milhares de doenças pela satisfação do nosso paladar.

Nenhum homem conhece sua própria força ou valor, a não ser sendo colocado à prova. O navegador é testado na tempestade, o soldado, na batalha, o rico não sabe como se comportar na pobreza. Aquele que viveu na popularidade e sob aplausos não sabe como suportaria a infâmia e a reprovação, nem quem nunca teve filhos jamais saberá como suportaria a perda deles. A calamidade é a ocasião da virtude e um grande estímulo para a mente.

Não há nada errado que aconteça para um homem bom que possa ser imputado à Providência; maldades, pensamentos lascivos, projetos ambiciosos, luxúria cega e avareza insaciável, contra tudo isso ele está armado pelo benefício da razão. E esperamos agora que Deus devesse também cuidar de nossa bagagem? (Estou falando dos nossos corpos).

Muitas aflições podem suceder a um homem bom, mas nenhum mal, porque os contrários jamais se misturarão. Todos os rios do mundo nunca conseguem mudar o gosto ou a qualidade do mar.

A Providência e a religião estão acima do acaso e extraem o bem de tudo. A aflição mantém o homem ativo e torna-o forte, paciente e resistente.

Nenhum homem pode ser feliz se ele não se posicionar com firmeza contra todas as contingências e dizer a si mesmo em todos os extremos: "Eu deveria estar contente se acontecesse isso e aquilo, mas, visto que é determinado de outra forma, Deus proverá melhor".

Quanto mais lutamos com nossas necessidades, mais apertamos o nó, e pior é para nós. E quanto mais o pássaro se agita e se debate na armadilha, seguramente mais ele se enreda. Nesse sentido, a melhor maneira é submeter-se e ficar imóvel, sob essa dupla consideração, que os atos de Deus são inquestionáveis e que não se deve oferecer resistência aos seus decretos.

VIII.
Da inconstância da mente

Mostramos o que é e em que consiste a felicidade; que ela se baseia na sabedoria e na virtude, pois devemos primeiro saber o que devemos fazer, e, então, viver de acordo com esse conhecimento. Também conversamos sobre as contribuições da filosofia e dos preceitos na direção de uma vida feliz, a bênção de uma boa consciência, que um homem bom jamais pode ser infeliz, nem um homem mau jamais pode ser feliz, nem qualquer homem que alegremente se submeta à Providência pode-se dizer desafortunado.

Examinaremos agora como acontece quando um caminho certo para a felicidade se abre tão belo diante de nós, os homens ainda assim continuarão seu curso do outro lado, o que manifestadamente leva à ruína.

Há alguns que vivem sem qualquer planejamento e somente passam pelo mundo como palha correnteza abaixo. Eles não vão; são levados. Outros simplesmente ponderam sobre partes da vida, e não sobre o todo, o que é um enorme erro; porque, a não ser que postulemos o escopo principal, não há como descartar as circunstâncias da vida. Como um homem pode mirar sem um alvo? Ou qual vento lhe será útil dado que ele ainda não decidiu em que porto atracar?

Vivemos como que por acaso, e pelo acaso somos controlados. Alguns se atormentam repetidamente com a lembrança do passado: "Senhor! As coisas que enfrentei? Jamais existiu um homem na minha condição. Todos me abandonaram, meu próprio coração estava por se partir" etc. Outros, por sua vez, afligem-se diante do medo dos males vindouros; e os dois são ridículos: porque uma coisa já não nos diz mais respeito, e a outra não nos diz respeito ainda. Além disso, talvez haja soluções para os males que provavelmente virão, pois eles nos alertam através de sinais e sintomas de sua aproximação.

Um marinheiro imprudente nunca leva em conta qual vento sopra ou que direção ele toma, mas ele se aventura, como se fosse enfrentar as rochas e as contracorrentes. Por outro lado, o marinheiro cuidadoso e ponderado informa-se antecipadamente sobre onde está o perigo e como deverá estar o clima. Ele consulta sua bússola e mantém-se distante de lugares infames por naufrágios e tragédias. O mesmo faz um homem sábio na condução corriqueira da vida. Ele se mantém fora do caminho dos que lhe podem fazer mal; mas uma questão de prudência não os deixa perceber que ele age assim de propósito; porque aquilo que o homem evita, ele tacitamente condena.

Existem muitas regras de comportamento e variedade de vícios; mas uma consequência infalível deles é viver descontente. Todos nós trabalhamos sob desejos excessivos; ou somos temerosos e não ousamos arriscar, ou em arriscando, não temos sucesso. Ou então nos sujeitamos a esperanças duvidosas, em que ficamos eternamente ansiosos e na incerteza. E quando tivermos nos esforçando muito sem propósito algum, cheguemos a nos arrepender de nossas iniciativas. Temos medo de seguir adiante, e não conseguimos nem dominar nossos apetites nem lhes obedecer. Vivemos e morremos inquietos e irresolutos.

É isso o que nos leva a fazer viagens errantes. A cidade agrada-nos hoje, o interior, amanhã; os esplendores da corte em um momento, os horrores do deserto em outro. Mas tudo isso enquanto carregamos nossa praga sobre nós.

Deve ser a mudança de consciência, não de ambiente, o que tirará o peso do coração; nossas vozes acompanham-nos, e carregamos em nós as causas das nossas inquietações. Há um grande peso sobre nós, e o seu simples choque o torna ainda mais incômodo. Mudança de país, nesse caso, não é viajar, mas vagar.

Devemos seguir nosso curso se quisermos chegar ao fim da nossa jornada. Aquele que é incapaz de viver feliz, em lugar nenhum será feliz.

O que é um homem melhor para viajar? Como se suas preocupações não pudessem descobri-lo aonde quer que ele vá? Existe algum modo de afastar-se do medo da morte, ou dos tormentos, ou daquelas dificuldades que assolam um homem onde quer que ele esteja?

Só a filosofia torna a mente invencível e tira-nos do alcance do acaso, de modo que todas as suas flechas ficam aquém de nós. É ela que reivindica a fúria dos nossos desejos e suaviza a ansiedade de nossos medos. Mudança frequente de lugares ou de conselhos sinaliza uma instabilidade da mente; e devemos consertar o corpo antes que possamos consertar a alma. Mal conseguimos mover-nos ou olhar à nossa volta sem nos depararmos com uma ou outra coisa que reavive nossos apetites.

Assim como aquele que rejeita um amor infeliz evita qualquer coisa que possa fazê-lo pensar na pessoa, também aquele que totalmente abdica das suas amadas cobiças deve evitar todos os objetos que possam colocá-las de novo em sua cabeça, e lembrá-lo delas.

Viajamos, como crianças que correm para cima e para baixo, à procura de coisas incomuns, pela novidade, não pelo lucro. Não voltamos nem melhores nem mais sãos. Não, e a própria agitação machuca-nos. Aprendemos a chamar vilas e lugares por seus nomes e a contar histórias de montanhas e rios. Mas não teríamos usado melhor nosso tempo no estudo da sabedoria e da virtude? No aprendizado do que já foi descoberto e na busca das coisas ainda por serem descobertas?

Não é o lugar, espero, o que faz de alguém um orador ou médico. Será que algum homem, na estrada, por favor, sabe qual é o caminho para a prudência, para a justiça, para a temperança, para a fortaleza?

Um grande viajante queixava-se de que nunca se sentia bem em suas viagens. "Isso é verdade", disse Sócrates, "porque você viajou consigo mesmo". Ora, não teria sido melhor ele se transformar num outro homem do que se transportar para outro lugar?

Dividimos nossas vidas entre uma repulsa pelo presente e um desejo pelo futuro. Mas aquele que vive como deve ordena a si mesmo que não tema nem anseie pelo amanhã: caso venha, é bem-vindo; caso não, nada se perdeu. Porque o que veio não é senão o mesmo do que havia no passado.

Existem algumas coisas que poderiam pensar que desejamos, mas que estamos tão distantes de desejá-las que as tememos. Não tratamos com franqueza nem com o próprio Deus. Nesses casos, devemos dizer a nós mesmos: "Eu mesmo atraí isso sobre mim. Eu jamais conseguiria sossegar enquanto não tivesse essa mulher, esse lugar, essa propriedade, essa honraria, e agora veja no que tudo isso deu".

Um remédio soberano contra todos os infortúnios é a constância de espírito. A mudança de grupos e semblantes parece como um homem que vive ao sabor do vento. Não pode haver nada acima dele que esteja acima do acaso.

IX.
A UM SÁBIO À PROVA DE CALAMIDADES

Não é a violência, a repreensão, o desprezo ou qualquer outra coisa que venha de fora que vai fazer com que um homem sábio desista do seu chão, mas ele é à prova de calamidades, tanto as grandes quanto as pequenas. O erro é pensar que aquilo que somos incapazes de fazer nós mesmos, achamos que ninguém mais pode; assim, julgamos os sábios pela medida dos fracos.

Coloque-me entre príncipes ou mendigos, um não me deixará orgulhoso, nem o outro me deixará envergonhado. Posso dormir tão profundamente em um celeiro quanto em um palácio, e um fardo de feno me acomoda tão bem quanto uma cama de plumas. Se todos os dias fossem como os desejo, isso não mexeria comigo; tampouco me consideraria infeliz se eu não tivesse uma única hora tranquila na minha vida. Não vou oscilar com dor ou prazer. Mesmo assim, eu gostaria de ter um jogo mais fácil de jogar, e preferiria moderar mais minhas alegrias a meus sofrimentos. Se eu fosse um príncipe imperial, eu preferiria dominar a ser dominado, e, ainda assim, eu sustentaria a mesma opinião sob a biga do meu conquistador que eu sustentei sobre a minha própria.

Não é grande coisa pisotear aquilo que é mais cobiçado ou temido pelas pessoas comuns. Há aqueles que riem da tortura e lançam-se a uma morte certa, por um arroubo de amor, talvez raiva, avareza ou vingança; mas, quanto mais do que por um instinto de virtude, que é invencível e firme! Se uma breve obstinação de espírito é capaz disso, de quanto mais é capaz a virtude sóbria e deliberada e contida, cuja força é igual e eterna.

Para nos protegermos neste mundo, primeiro não devemos ter como objetivo nada que os homens considerem que valha a pena disputar. Em segundo lugar, não devemos dar valor à posse de nada que até mesmo um ladrão de galinhas pensaria valer a pena ser roubado. O corpo de um homem não é espólio. Que o caminho nunca seja tão perigoso para roubos, que os pobres e os nus passem tranquilamente.

X.
Da sinceridade nos modos

Uma sinceridade aberta nos modos torna feliz a vida de um homem, apesar do desdém e do desprezo, que é o destino de todo o homem correto. Mas é melhor sermos desprezados pela simplicidade do que nos sujeitarmos perpetuamente à tortura de uma falsidade, desde que se tome cuidado para não confunda simplicidade com negligência. Mais do que isso, uma vida difícil, a de uma dissimulação, para um homem parecer o que não é, é manter uma vigilância perpétua e viver com medo de ser desmascarado.

De todas as outras, uma vida de estudo é a menos cansativa. Ela nos torna mais fáceis para nós mesmos e para os outros, e nos rende amigos e reputação.

XI.
A FELICIDADE NÃO PODE NUNCA DEPENDER DO ACASO

Jamais declare feliz um homem cuja felicidade dependa do acaso; porque nada pode ser mais absurdo do que depositar a felicidade de uma criatura racional em coisas irracionais.

É um erro comum considerar necessárias as coisas supérfluas e depender do acaso para a felicidade da vida; a felicidade só surge da virtude. Não se pode confiar no sorriso da sorte. O mar revira-se e enfurece-se num instante, e os navios são engolidos à noite no mesmo lugar onde foram vistos passeando pela manhã. E o acaso tem sobre príncipes o mesmo poder que tem sobre impérios, sobre nações e sobre cidades, e sobre cidades o mesmo poder que tem sobre o homem comum.

Onde está aquela propriedade que não pode vir seguida de perto pela fome e pela mendicância; aquela dignidade que, em um instante, não pode ser jogada ao pó; aquele reino que está seguro da desolação e da ruína? O tempo de todas as coisas está próximo, assim como aquele que expulsa o afortunado quanto aquele que livra o infeliz. E aquilo que pode cair a qualquer momento, pode muito bem cair hoje.

O que acontecerá não sei, mas o que pode acontecer eu sei; para que eu não me desespere diante de nada, mas esperarei por tudo; e o que quer que a Providência trouxer é um ganho claro.

Cada momento, se me poupa, engana-me. E, ainda assim, de alguma forma, não me engana, pois, embora eu saiba que qualquer coisa pode acontecer, eu também sei que nem tudo vai acontecer. Vou esperar pelo melhor e me preparar para o pior.

Acho que não deveríamos culpar tanto o acaso por sua inconstância, uma vez que nós mesmos estamos sujeitos a mudanças a cada instante que vivemos; apenas outras mudanças, e isso nos rouba como a sombra em um mostrador, cada iota com certeza, mas de forma menos perceptível.

Ora, devemos temer nossa paz e felicidade mais do que violência, porque somos pegos desprovidos; a menos que, em estado de paz, cumpramos o dever dos homens na guerra e digamos a nós mesmos: "O que tiver que ser, será. Hoje estou seguro e feliz no amor ao meu país; amanhã, no exílio.

Hoje, em prazer, paz e saúde; amanhã, quebrado sobre uma roda, conduzido em triunfo e na agonia da doença". Preparemo-nos, pois, para um naufrágio no porto e para uma tempestade numa calmaria.

Portanto, tenhamos diante de nossos olhos toda a condição da natureza humana e consideremos também que o que pode acontecer é algo que normalmente acontece. A maneira para tornar as futuras calamidades fáceis para nós no sofrimento é torná-las familiares para nós na contemplação. Quantas cidades na Ásia, Acaia, Assíria e Macedônia não foram engolidas por terremotos? Ora, países inteiros estão perdidos e províncias enormes jazem submersas. Mas o tempo põe um fim a tudo; por que todas as obras dos mortais são mortais? Todas as posses e os seus possuidores são instáveis e perecíveis; e que maravilha é perder alguma coisa a qualquer momento quando um dia perderemos tudo?

O que a sorte nos dá nesta hora, ela pode-nos tirar na próxima; e aquele que confia nos favores da sorte se verá enganado ou, se não, no mínimo ficará perturbado cogitando essa possibilidade. Não há defesa em muralhas, fortificações e máquinas contra o poder do acaso. Devemo-nos prover por dentro e, uma vez ali seguros, seremos invencíveis. Podemos ser golpeados, mas jamais dominados.

Mas o melhor de tudo é que, se um homem não pode consertar sua sorte, ainda assim ele pode consertar seus modos e colocar-se tão fora do alcance do acaso que, quer ela dê ou tire, isso não fará diferença para nós; pois não somos nem maiores por um, nem menores pelo outro.

XII.
O QUE SE ABATE SOBRE UM PODE SE ABATER SOBRE TODOS

Nós chamamos isso de quarto escuro, ou claro, quando, de fato em si mesmo não é nem uma coisa nem outra, mas apenas o que o dia ou a noite o tornam. O mesmo ocorre com as riquezas, a força do corpo, a beleza, a honra e o comando; e, da mesma forma, com a doença, a dor, o exílio e a morte, que são em si mesmas coisas medíocres e triviais, e que só podem ser consideradas boas ou más sob a influência da virtude.

Quando disseram a Zenão que tudo o que ele possuía havia ido parar no fundo do mar, ele disse: "Ora, parece, então, que o acaso quer fazer de mim um filósofo". É uma questão importante para um homem fazer evoluir sua mente, elevando-a acima das ameaças e bajulações do acaso; porque aquele que consegue derrotar o acaso está seguro para sempre.

Quando vemos qualquer homem banido, empobrecido, torturado, somos levados a considerar que, ainda que o mal tenha caído sobre outro, ele nos nivela. Que impressionante é se, dos milhares de perigos que estão constantemente nos rondando, por fim, um venha-nos atingir? O que atinge qualquer homem pode atingir todos os homens.

As coisas que geralmente são desprezadas pelos imprudentes, e sempre pelos sábios, não são, em si mesmas, boas ou más: coisas como prazer e sofrimento, prosperidade e adversidade, que só podem operar em nossa condição exterior, sem qualquer efeito necessário sobre a mente.

XIII.
UMA VIDA SENSUAL É UMA VIDA INFELIZ

E se um corpo pudesse ter todos os prazeres do mundo à sua disposição; quem se tornaria menos homem, ao aceitá-los, abandonar sua alma e tornar-se um eterno escravo de seus sentidos?

É uma pena que um homem deposite sua felicidade nas diversões e apetites que são mais fortes nos brutos. Os animais não comem com um apetite melhor? Eles não sentem mais satisfação com suas luxúrias? Eles não só experimentam mais rapidamente seus desejos, mas também desfrutam deles sem escândalo ou remorso. Se sensualidade[6] fosse felicidade, os animais seriam mais felizes do que os homens; mas a felicidade humana está alojada na alma, não na carne.

Aqueles que se entregam à luxúria ainda são atormentados com muito pouco ou oprimidos com muito; e encontram-se igualmente infelizes.

---

[6] Os termos "sensual" e "sensualidade", tal como empregados por Sêneca, referem-se à inclinação pelos prazeres dos sentidos, os seja, à lascívia e à voluptuosidade. (N.E.)

Enquanto nossos corpos ficavam mais resistentes pelo trabalho ou cansados pelos exercícios ou pela caça, nosso alimento era puro e simples; lautas refeições causaram muitas doenças.

Os mortais mais infelizes são os que se entregam à gula ou às suas concupiscências. O prazer é breve e logo se torna nauseante, e, por fim, transforma-se em vergonha ou arrependimento.

É uma diversão brutal e indigna de um homem colocar sua felicidade a serviço dos seus sentidos.

Livra-me da superstição de tomar coisas fúteis e vãs por felicidade.

XIV.
Da avareza e ambição

Não há avareza sem algum castigo, independentemente do que ela faz a si mesma. Quão infeliz é no desejo! Quão infeliz até mesmo para alcançarmos nossos objetivos! Porque a posse do dinheiro é um tormento maior do que a sua busca. O medo de perdê-lo é um problema enorme, a perda dele é maior e é ainda maior a cada opinião.

A avareza não nos torna apenas infelizes em nós mesmos; mas também malévolos para a humanidade. O soldado deseja a guerra, o camponês quer seu milho valorizado, o advogado reza por discórdia, e o médico, por um ano de doenças.

O homem vive da perda de outro. Alguns poucos, talvez, têm a sorte de percebê-lo; mas todos são igualmente maus.

A ambição enche-nos de vaidade e vento: e ficamos igualmente incomodados de ver alguém à nossa frente ou ninguém atrás de nós; assim, vivemos uma inveja dupla, pois quem inveja o outro também é invejado.

Nunca invejarei aqueles que as pessoas consideram grandes e felizes. Uma mente sã não deve ser abalada por aplausos populares e vãos; nem está no poder de seu orgulho perturbar o estado de nossa felicidade.

Ora, no exato momento em que desprezamos os servos, podemos ser transformados em servos.

XV.
AS BÊNÇÃOS DA TEMPERANÇA E DA MODERAÇÃO

Não há nada que seja necessário para nós que não tenhamos a um preço baixo ou gratuitamente. E essa é a provisão que nos fez nosso Pai Celestial, cuja generosidade jamais faltou às nossas necessidades.

Aquele que vive de acordo com a razão jamais será pobre; e o que guia sua vida pela opinião jamais será rico. Se nada servirá a um homem que não sejam as roupas e os móveis caros, estátuas e prataria, um grande séquito de criados e raridades oriundas de todas as nações, o fato de não o servirem não é culpa do acaso, mas dele mesmo. Pois seus desejos são insaciáveis, e isso não é uma sede, mas uma doença.

É a mente o que nos torna ricos e felizes, em qualquer condição em que estejamos; e o dinheiro para ela não significa nada mais do que significa para os deuses.

Pão de má qualidade e água para um homem moderado são tão bons quanto um banquete, e as próprias ervas do campo alimentam tanto os homens quanto os animais. Não foi por escolha de carnes e perfumes que nossos antepassados se recomendaram, mas por meio de ações virtuosas e o suor de trabalhos honestos, militares e viris.

A natureza não confere virtude, e é uma espécie de arte tornar-se bom.

A finalidade do ato de comer e beber é a saciedade. Agora, o que importa que alguém coma e beba mais, e outro, menos, desde que um não fique com fome e o outro não fique com sede? Epicuro (341–270 a.C.), que limita o prazer à natureza, como os estoicos fazem com a virtude, está certo sem dúvida; e aqueles que o citam para autorizar sua volúpia enganam-no grandemente, e apenas procuram por uma boa autoridade para uma causa má. Afinal, seus prazeres da preguiça, gula e luxúria nada têm a ver com seus preceitos ou significado.

A multidão tem como prática latir para homens eminentes, como cachorrinhos latem para estranhos, pois consideram a virtude dos outros homens a repreensão à sua própria maldade. Devemos fazer bem em elogiar os que são bons; se não, que os ignoremos.

XVI.
AS BÊNÇÃOS DA AMIZADE

De todas as felicidades, a mais encantadora é a de uma amizade carinhosa e sólida. Ela ameniza todas as nossas preocupações, dissipa nossas tristezas e nos aconselha em situações extremas. Ora, se não houvesse outro consolo nisso que não o exercício simples de uma virtude tão generosa, mesmo por essa única razão, um homem não ficaria sem ela. Além disso, é um antídoto excelente contra todas as calamidades, até mesmo contra o medo da morte.

Aquela amizade em que os afetos dos homens são cimentados por um amor igual e comum ao bem, não é a esperança, nem o medo, nem qualquer interesse privado que possa algum dia dissolvê-la.

Minha conversa fica entre meus livros, mas, ainda nas cartas de um amigo, pareço estar em sua companhia; e, quando lhe respondo, não apenas escrevo, mas falo. Com efeito, um amigo é um olho, um coração, uma língua e as mãos, a qualquer distância.

Aquele que é amigo de si mesmo também é amigo da humanidade. Até mesmo em meus estudos, o maior prazer que tenho com o que aprendo é ensiná-lo a outros. Em minha opinião, não há prazer na posse de algo sem um parceiro. Ora, se a própria sabedoria me fosse oferecida contanto que eu a guardasse apenas para mim, eu sem dúvida a recusaria.

XVII.
CONSOLAÇÕES CONTRA A MORTE

Esta vida é apenas um prelúdio para a eternidade, na qual podemos esperar um outro original, e um estado de coisas diferentes. Não temos perspectiva do céu aqui, mas a distância; aguardemos, pois, com coragem, nossa última hora.

A última, eu digo, para nossos corpos, não para as nossas mentes. Deixamos nossa bagagem para trás e voltamos tão nus do mundo quanto como chegamos. O dia que temenos como nosso último é apenas o dia do nosso nascimento para a eternidade; e é o único caminho para isso. Assim, o que tememos como uma rocha, prova ser apenas um porto, em muitos casos a ser desejado, jamais a ser recusado. E aquele que morre jovem apenas empreendeu uma viagem rápida.

Ora, suponha que todos os assuntos deste mundo sejam esquecidos, ou minha memória difamada; o que é tudo isso para mim? "Eu cumpri meu dever".

Por que não lamentamos também o fato de não termos vivido há mil anos, assim como também lamentamos que não estaremos vivos mil anos no futuro? Não é nada além de viajar pela longa estrada e para o lugar onde todos nós devemos finalmente ir. É apenas se submeter à lei da Natureza, e àquele destino do qual o mundo inteiro foi vítima e que foi antes de nós, e da mesma forma com aqueles que virão depois de nós. Ora, quantos milhares, quando chegar a nossa hora, irão expirar conosco no mesmo momento!

Vivamos em nossos corpos, portanto, como se fôssemos apenas nos abrigar neles por esta noite e deixá-los amanhã.

É tarefa do homem sábio e bom examinar suas maneiras e suas ações; e mais quão bem ele vive e por quanto tempo. Pois a questão não é morrer mais cedo ou mais tarde, mas morrer bem ou mal; porque a morte nos leva à imortalidade.

É necessário fazer provisão contra a fome, a sede e o frio; e, de certo modo, ter algo que nos proteja contra outros inconvenientes; mas não importa se é um abrigo de relva ou de mármore. Um homem pode ficar aquecido e seco tanto sob um telhado de palha quanto sob um telhado dourado. Que a mente seja grandiosa e gloriosa, e todas as outras coisas sejam desprezíveis em comparação.

O futuro é incerto; e eu prefiro implorar a mim mesmo para não desejar nada além do que a fortuna me conceda.

XVIII.
Dos benefícios

Um benefício é uma boa obra, feita com intenção e julgamento; ou seja, com uma devida consideração a todas as circunstâncias que envolvem o quê, como, por quê, quando, onde, para quem, quanto e assim por diante. Ou, de outra forma, é uma ação voluntária e benevolente, que deleita o doador pelo consolo que traz ao receptor. Só pensar nela gera boas intenções e pensamentos generosos, e nos instrui em tudo sobre honra, humanidade, amizade, piedade, gratidão, prudência e justiça.

Em resumo, a arte e a habilidade de conferir benefícios são, de todos os deveres humanos, as mais absolutamente necessárias ao bem-estar tanto da natureza racional e de cada indivíduo; quanto do próprio cimento de todas as comunidades e as bênçãos de algumas delas.

Aquele que faz o bem a outro homem também o faz a si mesmo; não apenas na consequência, mas também no próprio ato de fazê-lo; pois a consciência de fazer o bem é uma recompensa enorme.

XIX.
DE INTENÇÕES E EFEITOS

A boa vontade do benfeitor é a fonte de todos os benefícios; ora, é o benefício em si, ou pelo menos o selo, que o torna valioso e atual. A obrigação reside na mente, não no assunto; e todas as vantagens que vemos, manuseamos ou mantemos em real posse pela cortesia alheia são apenas diversos modos ou formas de explicar e de colocar a boa vontade em ação.

Não é preciso muita sutileza para provar que tanto os benefícios quanto os danos recebem seu valor da intenção, quando até os brutos propriamente ditos são capazes de deliberar a respeito disso. Pise em um cão por acaso ou faça-o sentir dor ao tratar um ferimento; o primeiro ele considera um acidente e o segundo, à sua maneira, ele reconhece ser um ato de bondade. Mas ameace machucá-lo e, embora você não lhe faça mal algum, ele ainda virá para cima de você, apesar de você não ter a intenção de praticar uma maldade contra ele.

Meu amigo é levado por piratas; eu o resgato; depois, ele cai nas mãos de outros piratas. A obrigação dele para comigo é a mesma, como se ele tivesse mantido sua liberdade. E assim, se eu salvar um homem de qualquer infortúnio, e ele depois cair em outra, se eu lhe der uma quantia de dinheiro que é depois levada por ladrões, acaba sendo a mesma coisa. A fortuna pode-nos privar da questão de um benefício, mas o benefício em si permanece inviolável.

Se o benefício residisse na questão, o que é bom para um homem seria bom para outro. Por outro lado, muitas vezes a mesma coisa dada a várias pessoas produz efeitos contrários, até a diferença de vida ou morte; e o que é a cura para um corpo, prova-se veneno para outro corpo. Além disso, o momento em que o benefício é oferecido também altera o seu valor; e a casca de um pão, em uma emergência, é um presente mais valioso do que uma coroa imperial.

O mesmo raciocínio aplica-se até mesmo à própria religião. Não é o incenso ou a oferenda que Deus considera aceitável, mas a pureza e a devoção do fiel. Tampouco é a pura disposição, sem ação, suficiente quando temos os meios de agir; pois, nesse caso, significa tão pouco desejar o bem e não o fazer quanto fazer o bem sem desejá-lo. Deve haver efeito, bem como intenção, para que eu deva algum benefício [a alguém].

Em resumo, a consciência é o único juiz, tanto dos benefícios quanto dos danos.

E assim é com o bem que recebemos, seja sem, ao lado ou contrário à intenção. É o espírito, e não o acontecimento, o que o diferencia de um dano.

XX.
Do juízo da concessão de benefícios

Devemos dar por opção, não por algum perigo. Minha natureza força-me a amparar um homem; por dever e justiça, sou compelido a servir a outro. Aqui se trata de caridade; lá, de pena; e, em outros casos, talvez encorajamento.

Há alguns que não têm nada, para quem eu não daria coisa alguma; porque, se o fizesse, eles ainda não teriam nada. Para um homem eu dificilmente ofereceria um benefício; ao passo que, para outro, eu insistiria em oferecê-lo.

Para dizer a verdade, não empregamos dinheiro para obtermos mais vantagens do que as que concedemos; e não devemos restringir nossa generosidade aos amigos, conhecidos, compatriotas ou a este ou aquele homem:

onde quer que haja um homem, há lugar e ocasião para um benefício. Damos a alguns que já são bons; a outros, com a esperança de torná-los bons; mas temos de fazê-lo de modo criterioso. Porque somos tão responsáveis pelo que damos quanto pelo que recebemos. Ora, um benefício concedido equivocadamente é pior do que o fato de não o receber; pois, no primeiro caso, é culpa de outra pessoa, e, no segundo, a culpa é minha.

O erro do doador muitas vezes justifica a ingratidão do receptor; porque um favor concedido equivocadamente é mais um esbanjamento do que um benefício.

Escolherei um homem íntegro, sincero, atencioso, grato, comedido, de boa índole, nem avarento nem sórdido; e quando eu tiver cumprido com minha obrigação para com tal homem, embora não valha nada neste mundo, terei alcançado meu fim.

Se damos apenas para receber, ignoramos o objetivo mais justo da nossa caridade: os perdidos, doentes, cativos e necessitados. Quando agradamos aqueles que não podem nos retribuir na mesma moeda, como um desconhecido que está partindo ou um necessitado em seu leito de morte, transformamos a Providência em nossa devedora e regozijamo-nos até mesmo na consciência de uma benesse infrutífera. Enquanto formos afetados por paixões e distraídos por esperanças e temores, e por nossos prazeres, seremos juízes incompetentes a respeito de onde colocar nossas generosidades. Mas, quando a morte se apresenta e chegamos à nossa última vontade e testamento, deixamos nossa fortuna para os mais dignos. Aquele que só dá com a esperança de receber deve morrer intestado.

Mas o que devo fazer, indagará você, para saber se um homem será ou não grato? Eu atentarei para as probabilidades e esperarei pelo melhor. A colheita não está garantida para aquele que semeia, assim como o marinheiro não tem garantias de que alcançará o porto e o soldado não sabe se ganhará a batalha. Aquele que se casa não tem garantias de que sua esposa será honesta, ou de que seus filhos serão obedientes. Mas por isso devemos deixar de semear, navegar, lutar e casar-nos?

Ora, se eu soubesse que um homem é incuravelmente ingrato, ainda assim eu seria gentil em colocá-lo em seu caminho, ou deixá-lo usar a minha vela para acender a sua, ou tirar água do meu poço; o que pode talvez ser de grande proveito para ele e ainda não ser considerado uma benesse minha; pois eu ofereço a benesse espontaneamente, não pelo bem dele, mas por mim mesma, como um ofício de humanidade, sem qualquer escolha ou bondade.

XXI.
Da questão das obrigações

Alexandre (356–323 a.C.) deu uma cidade a um de seus favoritos, o qual, desculpando-se modestamente, disse que aquilo era demais para ele receber. "Sim, mas", disse Alexandre, "não é muito para eu dar". Um discurso certamente altivo e imprudente; pois o que não era adequado para um receber, não poderia ser adequado para o outro dar. O mundo toma por grandeza de espírito o fato de alguém estar perpetuamente dando e cumulando pessoas de generosidades. Mas uma coisa é saber como dar, e outra é não saber guardar. Dê-me um coração simples e aberto, mas não admitirei buracos nele. Que seja abundante em juízo, mas não admitirei que dele saia nada que eu não saiba como deixar sair. Aquele que recusou a cidade foi muito mais magnânimo do que aquele que a ofereceu.

Esses favores são de alguma forma tão ultrajantes que fazem com que o homem se envergonhe de seu benfeitor.

É uma questão de grande prudência para o benfeitor adequar a benesse à condição de quem a recebe, que deve ser seu superior, seu inferior ou seu igual; e aquela que seria a maior obrigação imaginável para um, seria talvez uma grande zombaria e afronta para o outro. Um prato de sobras de carne para um homem rico é um insulto, enquanto para o pobre é uma caridade.

Qualquer que seja o presente, ou a quem o ofereçamos, essa regra geral deve ser observada: que sempre planejemos o bem e a satisfação de quem recebe, e que jamais concedamos algo em seu detrimento.

Farei mais bem a um homem protegendo-o da sua vontade do que a ela cedendo. Em alguns casos, é mais benéfico conceder e, em outros, é mais benéfico negar; de modo que devemos, antes, considerar mais a vantagem do que o desejo de quem pede. Porque podemos, em um arroubo (e não gostar quando nos for negado), implorar exatamente por aquilo que, pensando melhor, podemos vir a amaldiçoar, como a ocasião da mais perniciosa generosidade.

Aquele que empresta dinheiro a um homem para levá-lo a uma casa de prostituição, ou uma arma para sua vingança, torna-se cúmplice do seu crime.

XXII.
O modo de ser solícito

Em primeiro lugar, tudo o que dermos, façamo-lo com sinceridade. Um benfeitor bom faz um homem feliz assim que pode e tanto quanto pode. Não deve haver demora em um benefício, apenas na modéstia do receptor. Se não podemos prever o pedido, vamos, então, atendê-lo imediatamente, de modo algum tolerar sua repetição. É muito doloroso dizer EU IMPLORO. A própria palavra desconcerta o homem. E é uma dupla bondade realizar o ato e preservar um homem honesto do embaraço de corar. Chega tarde toda a benesse que precisa ser pedida; pois nada nos custa mais caro do que aquilo que compramos com nossas preces. É tudo o que temos a oferecer, até mesmo ao próprio céu; e até mesmo lá, onde nossos pedidos são os mais justos, optamos por apresentá-los em exclamações secretas, e não em voz alta. Essa é a benesse duradoura e aceitável que vai ao encontro do receptor.

A regra é: devemos dar como gostaríamos de receber, com alegria, rapidez e sem hesitação; pois não há graça na benesse que gruda nos dedos.

Bem disse aquele que chamou de pedaço de pão duro um bom ofício feito apressadamente e de má vontade. O homem que tem fome precisa recebê-lo; mas o pão quase o faz engasgar ao ser engolido. Não deve haver orgulho, arrogância no olhar ou maldade nas palavras quando se concede uma benesse.

Tudo o que concedemos, que seja feito com um semblante sincero e alegre. Um homem não deve dar com a mão e negar com o olhar. Quem dá rapidamente dá de bom grado.

Muitas benesses são ótimas na aparência, mas têm pouco ou nenhum efeito quando são dadas com dificuldade, lentidão ou sem se querer. O que é dado com orgulho e ostentação é mais ambição do que generosidade.

Deve ser um homem sábio, amável e bem-educado aquele que se dedica perfeitamente à arte e ao dever de ser solícito; pois todas as suas ações devem-se adequar às medidas de civilidade, bom caráter e discrição.

XXIII.
Da retribuição

Diógenes (404–323 a.C.) andava nu e despreocupado em meio aos tesouros de Alexandre e estava, tanto na opinião de outros homens quanto na sua, acima, inclusive, do próprio Alexandre, que naquela época tinha o mundo inteiro a seus pés. Pois havia mais coisas que um se desprezava receber do que outro tinha em seu poder para dar; há mais generosidade em um mendigo recusar-se a receber dinheiro do que em um príncipe que o oferece.

Tampouco deve ser dito que "não posso retribuir um benfeitor porque sou pobre e não tenho nada". Posso dar um bom conselho, uma conversa da qual ele possa gostar e tirar proveito, liberdade de expressão sem falsas lisonjas, atenção generosa para ele deliberar, e fé inviolável na qual ele confia. Posso levá-lo ao amor e ao conhecimento da verdade, livrá-lo dos erros da sua credulidade e ensiná-lo a distinguir entre amigos e parasitas.

XXIV.
De como deve agir o receptor

Há certas regras em comum entre quem dá e quem recebe. Devemos fazer as duas coisas com alegria, de modo que o doador perceba os frutos de sua benesse no próprio ato de realizá-la. Em aparência, o papel mais glorioso é o do doador; mas o receptor, sem dúvida, exerce o papel mais difícil em vários sentidos.

Há algumas pessoas das quais eu não aceitaria uma benesse; isto é, daqueles aos quais eu tampouco concederia uma benesse. Afinal, por que eu não deveria desprezar o recebimento de uma benesse que eu teria vergonha de possuir?

É doloroso para uma mente honesta e generosa estar sob o dever de uma emoção que vá contra a sua inclinação. Não falo aqui de homens sábios, que amam fazer o que devem fazer, que têm suas paixões sob controle, que prescrevem leis para si mesmos e as cumprem quando as tiverem concluído; mas falo de homens em um estado de imperfeição, que podem ter boa vontade talvez para serem honestos, e, ainda assim, são dominados pela contumácia de suas afeições.

Devemos, portanto, ter cuidado com quem nos tornamos solícitos; e eu seria ainda mais rígido quanto à escolha de um credor de benesses do que um credor de dinheiro. Nesse caso, basta pagar que a dívida é anulada. Naquele, eu não apenas devo mais como, ao pagar, ainda estou inadimplente; e essa lei é a própria base da amizade.

Para equiparar o escrúpulo de receber dinheiro ao escrúpulo de ficar com ele.

Existiu um certo pitagórico que contratou os serviços de um sapateiro a fim de comprar um par de sapatos e, três ou quatro dias mais tarde, ao ir pagá-lo, encontrou a loja fechada. Ele bateu demoradamente à porta e ouviu: "Amigo, você pode bater o quanto quiser, porque o homem pelo qual você procura está morto". Depois disso, o filósofo foi embora com o dinheiro tintilando na mão, feliz por tê-lo economizado. Por fim, sua consciência examinou a questão, e, depois de refletir, disse: "Apesar de o homem estar morto para os outros, está vivo para você. Pague-lhe o que deve". Assim, ele voltou à loja e depositou o dinheiro por uma fresta na porta.

O que quer que seja que devamos, cabe a nós encontrarmos uma forma de pagá-lo, e pagar sem questionar também; pois, independentemente de o credor ser bom ou mau, a dívida continua a ser a mesma.

Não importa o que façamos, que tenhamos em mente sempre a gratidão. Não basta perguntar como um pobre pode retribuir a um príncipe ou um escravo a seu amo quando a glória da gratidão depende apenas da boa vontade.

De minha parte, quando vou fechar as minhas contas para saber quanto devo e a quem, embora eu vá pagar mais cedo para alguns e mais tarde para outros, conforme me permita a ocasião ou o destino, ainda assim serei justo com todos. Serei grato a Deus, ao homem e aos que me comprazem; ora, até àqueles que comprazem os meus amigos. Pela honra e consciência, é meu dever ser grato pelo que recebi; e, se não é um prazer completo, ainda assim é um prazer poder esperar por mais. Porque, na retribuição de um favor, deve haver virtude, ocasião, meios e ventura.

XXV.
Da ingratidão

As principais causas de ingratidão são o orgulho, a arrogância, a avareza, a inveja etc. É uma declaração familiar: "É verdade que ele fez isso ou aquilo por mim, mas chegou tão tarde, e foi tão pouco, que eu poderia muito bem ter ficado sem isso. Se ele não me deu isso, deve ter dado para outra pessoa; isso não saiu do bolso dele". Ora, somos tão ingratos que, se alguém nos dá tudo o que temos e guarda um pouco para si mesmo, cremos que ele, com isso, nos faz um mal.

Não retribuir uma boa ação com outra é desumano; mas retribuir o bem com o mal é diabólico. Há muitas pessoas desse tipo, que, quanto mais devem, mais odeiam. Não há nada mais perigoso do que agradar essas pessoas; pois, quando se dão conta de que não terão como pagar a dívida, desejam que o credor saia do caminho.

Mas o que é tudo isso para aqueles que assim são feitos, a ponto de contestar até a bondade do céu que nos dá tudo e nada espera em retorno, mas continua dando aos mais ingratos e queixosos.

Sem o exercício e a troca de benesses mútuas, não podemos ser felizes nem estar seguros, porque é apenas a sociedade o que nos dá segurança. Tomados individualmente, somos presas tanto dos brutos quanto uns dos outros. A natureza trouxe-nos ao mundo nus e desarmados. Não temos as presas ou as garras do leão ou do urso para parecermos assustadores. Mas, pelas duas bênçãos da razão e da união, nós nos protegemos e defendemo-nos contra a violência e o acaso. É isso o que torna o homem o senhor de todas as outras criaturas; de outro modo, não seríamos páreo nem para a mais fraca delas. É isso o que nos consola na doença, na velhice, na tristeza, na dor e na pior das calamidades. Elimine essa combinação e a humanidade se dissociará e se despedaçará.

XXVI.
Da raiva

A raiva não é apenas um vício, mas um vício categórico contra a natureza, uma vez que separa em vez de unir, e, em certa medida, frustra o propósito da Providência na sociedade humana. Um homem nasceu para ajudar outro. A raiva faz com que destruamos uns aos outros. Uma une e a outra separa. Uma é benéfica, e a outra, maléfica. Uma socorre até estranhos, e a outra destrói até os amigos mais íntimos. Uma arrisca tudo para salvar o próximo, e a outra se arruína para aniquilar o outro. A natureza é generosa, mas a raiva é perniciosa; porque não é o medo, mas o amor mútuo o que une a humanidade.

O homem mais corajoso do mundo pode parecer pálido quando coloca sua armadura; seus joelhos tremem e seu coração dispara antes que a batalha comece; mas esses são apenas movimentos: enquanto a raiva é uma jornada e propõe vingança e castigo, que não pode agir sem a mente.

Quando o medo pilota, a raiva ataca. E não é possível resolver nenhum dos dois com violência ou cautela sem a concordância da vontade.

XXVII.
Reprimindo a raiva

É inútil fingir que não somos capazes de controlar a nossa raiva: porque algumas coisas que fazemos são muito mais difíceis do que outras que deveríamos fazer. As afeições mais violentas podem ser domadas pela disciplina, e não há praticamente nada que a mente deseje fazer, mas seja incapaz.

É quase certo que poderíamos controlar nossa raiva, se quiséssemos, porque a mesma coisa que nos irrita em casa não nos causa nenhum efeito fora dela. E qual é a razão disso, senão sermos pacientes num lugar e impacientes noutro?

Foi uma provocação intensa feita a Filipe (382–336 a.C.) da Macedônia, pai de Alexandre. Os atenienses enviaram seus embaixadores até ele, os quais foram recebidos com este elogio: "Digam-me, cavalheiros", diz Filipe, "o que posso fazer para agradar os atenienses?" Democharas, um dos embaixadores, disse-lhe que os atenienses tomariam como uma grande obrigação se ele se enforcasse de bom grado. Essa insolência provocou indignação nos presentes; mas Filipe pediu-lhes que ninguém interferisse, mas, inclusive, que deixassem aquele desbocado sair dali tal como chegou. "E para vocês, os demais embaixadores", disse ele, "por favor, digam aos atenienses que é pior falar tais coisas do que ouvir e perdoá-las".

Essa paciência maravilhosa sob contumélias era uma das grandes fontes da segurança de Filipe.

XXVIII.
Raiva: uma loucura passageira

Estava muito certo quem quer que tenha sido que chamou a raiva de uma loucura passageira; porque ambas têm os mesmos sintomas. E há uma semelhança tão maravilhosa entre os arroubos de cólera e os de frenesi que é difícil distinguir uma coisa de outra.

A raiva não apenas tem uma semelhança aberta com a loucura, mas, muitas vezes, consiste em uma transição irrevogável para a própria loucura. Quantas pessoas conhecemos ou sobre as quais lemos ou ouvimos falar que perderam a razão em meio a um acesso de raiva e jamais voltaram a si? A raiva, portanto, deve ser evitada, não apenas pelo bem do comedimento como também pela própria saúde.

Ora, se a aparência exterior da raiva é tão odiosa e hedionda assim, quão deformada deve ser a mente infeliz que é acossada por ela? Pois não deixa lugar para conselho ou amizade, honestidade ou boas maneiras; tampouco deixa espaço para o exercício da razão ou para os ofícios da vida. Se eu fosse descrevê-la, desenharia um tigre banhado em sangue, posicionado e prestes a saltar sobre a presa. Ou eu a vestiria como os poetas representam as fúrias, com chicotes, serpentes e chamas.

A raiva, ai dela, nada mais é do que uma explosão impetuosa, um tumor vazio, a própria enfermidade de mulheres e crianças; um mal clamoroso e violento. E quanto maior o barulho, menor a coragem, pois bem sabemos que, em geral, as línguas mais afiadas têm os corações mais fracos.

XXIX.
O EFEITO DA RAIVA

"É uma coisa triste", lamentamos, "lidar com esses ferimentos, e não somos capazes de suportá-los". Como se qualquer homem que pode suportar a raiva não fosse capaz de suportar um ferimento, que é muito mais tolerável.

Mas "não se deve permitir que um homem honesto fique com raiva do assassinato do pai ou do estupro de sua irmã ou filha diante de si?" Não, de jeito nenhum. Defenderei meus pais e vingarei o mal a eles feitos; mas é a minha compaixão, e não a minha raiva, o que me move. Cumprirei meu dever sem medo ou confusão, não me enfurecerei, não chorarei, mas cumprirei o ofício de um homem bom sem abdicar da dignidade de homem. Se meu pai for atacado, tentarei resgatá-lo. Se ele for morto, honrarei sua memória. E tudo isso sem acessos de raiva, mas com honra e consciência.

A razão julga de acordo com o certo. A raiva vai fazer com que tudo pareça certo, o que quer que se faça, e, quando for arremessado no erro, nunca se convence, mas prefere a pertinácia, mesmo diante do maior dos males, ao mais necessário arrependimento.

Se a raiva fosse tolerável em qualquer caso, poderia ser permitida contra um criminoso incorrigível nas mãos da justiça. Mas o castigo não é uma questão de raiva, mas de cautela. A lei não tem paixão e golpeia os malfeitores assim como golpeamos serpentes e animais peçonhentos, por medo de um mal maior.

Não é digno de um juiz, ao pronunciar a sentença de morte, expressar qualquer raiva em seu semblante, palavras ou gestos; porque ele condena o vício, não o homem, e olha para a maldade sem raiva, assim como o faz a prosperidade do homem mau sem qualquer inveja. Mas, embora ele não tenha raiva, eu gostaria que ele se comovesse um pouco no que diz respeito à caridade, mas sem que isso trouxessem qualquer ofensa à sua posição ou sabedoria.

Nossas paixões variam, mas a razão é uma só. E seria uma enorme tolice, para o que é estável, leal e firme, dirigir-se ao socorro do que é incerto, falso e descomedido.

Se o infrator for incorrigível, retire-o do mundo, de modo que, se ele não for bom, deixe de ser mau; mas isso também deve ser feito sem raiva.

Um homem bom e sábio não deve ser inimigo dos homens ímpios, mas alguém que os reprova. E ele deve olhar para todos os bêbados, os lascivos, os ingratos, os cobiçosos e os ambiciosos que encontrar senão como um médico que olha para seus pacientes.

Além disso, se precisamos entrar em conflito, será com nossos superiores, iguais ou inferiores. Lutar contra nosso superior é uma tolice e loucura; contra nossos iguais, é duvidoso e perigoso; e contra nossos inferiores, uma vulgaridade.

A raiva é uma paixão tão poderosa que nem Sócrates ousou ceder a ela. "Sirrah"[7], disse a seu inimigo, "eu agora o golpearia, se não estivesse com raiva de você".

Quão propensos e ávidos somos em nosso ódio e quão retraídos somos em nosso amor! Não seria muito melhor agora fazer amigos, pacificar inimizades, praticar bons ofícios tanto em âmbito público quanto privado, do que ainda ficar refletindo sobre a maldade e planejando como ferir um homem em sua honra, e o outro em sua fortuna, e um terceiro em sua pessoa? Um sendo tão inocente e seguro, e o outro tão difícil, ímpio e perigoso. Que isso sirva como uma regra para nós: nunca negar um perdão que não faz mal nem a quem o dá nem a quem o recebe.

E, para encerrar tudo em uma palavra, a grande lição da humanidade, tanto neste como em todos os outros casos, é agir com os outros como gostaríamos que agissem conosco.

---

[7] Termo do inglês arcaico que denota extremo desprezo e inferioridade moral. A expressão soa como "Senhor" — "Sir" em inglês —, no entanto "Sirrah" quer dizer o justo oposto. William Shakespeare (1564-1616) utilizou a terminologia em vários escritos, tais como nas peças *Otelo, Júlio César, Antônio e Cleópatra*. (N. E.)

EPÍSTOLAS

I.
DA ESCRITA E DA ORATÓRIA

Nenhum homem se satisfaz com um fluxo de palavras sem escolha, onde o barulho é mais do que o valor. Ora, que nenhum homem use as palavras excessivamente a seu bel-prazer, e ele não falará mais rápido do que é capaz de correr, por medo de que sua língua se antecipe à sua astúcia.

A fala de um filósofo deve ser, como a sua vida, contida, sem afobamentos ou tropeços, características, estas últimas, que são mais apropriadas para um trapaceiro do que para um homem sóbrio e responsável.

Você diz bem que, na fala, o próprio ordenamento das palavras (sem mencionar as ações, expressões e outras circunstâncias que a acompanham) é digno de consideração por parte de um sábio.

Quem fala precipitadamente geralmente é violento em seus modos. Além do mais, isso denota muita vaidade e futilidade.

A verdade e a moralidade devem ser expressas com palavras simples, sem afetação; porque, assim como os remédios, a não ser que as tenhamos sempre conosco, elas não nos farão nenhum bem.

A devassidão e a afeminação denotam ostentação e autocomplacência, porque o intelecto acompanha a mente: se a mente é sã, contida, tranquila e séria, o intelecto é rígido e sóbrio também; mas se a mente estiver corrompida, o intelecto estará também doente.

O temperamento melindroso é percebido nos gestos e nas roupas. Se um homem é colérico e violento, isso também se percebe em seus movimentos. Um homem raivoso fala de maneira breve e rápida. O discurso do homem afeminado é lânguido e meloso. Uma maneira pitoresca e solícita de falar é sinal de uma mente fraca; mas um grande homem fala com facilidade e liberdade, e com mais confiança, embora com menos atenção.

O discurso é o indicador da mente.

Não é apropriado a um homem ser delicado. Assim como na bebida, a língua nunca tropeça até que a mente se embriaga, o mesmo se dá com a fala; enquanto a mente estiver íntegra e sã, a fala será masculina e forte; mas, se a mente tropeçar, a língua tropeça em seguida.

Alguns se ensoberbecem e assustam-se com as palavras, como um cavalo com o rufar do tambor, e satisfazem a paixão do orador. Outros são movidos pela beleza das coisas; e quando ouvem algo corajosamente dito contra a morte e o acaso, em segredo desejam vivenciar essa generosidade em si mesmos. Mas nem um, entre mil deles, que levam para casa essa resolução, age conforme ela. É fácil empolgar um ouvinte para o amor à bondade, uma vez que a plateia tenha dentro de si a base e as sementes da virtude; de modo que isso é apenas um despertar para a reflexão, quando todos os homens concordam de antemão sobre o principal. Que é sórdido a ponto de não se sentir provocado por um discurso como o que diz: "o pobre quer muitas coisas, mas o ambicioso quer tudo"? Pode alguma carne deixar de sentir prazer diante disso, ainda que seja uma sátira contra seu próprio vício?

Em matéria de composição, eu escreveria como falo, com tranquilidade e liberdade, porque assim é mais agradável, bem como mais natural.

Se ordenar meus pensamentos de forma sensata, a questão dos floreios deixarei para os oradores.

Quanto aos autores, certifique-se de escolher os melhores; e de ficar perto deles. E, ainda que você aqui e ali consulte outros, reserve alguns poucos, entretanto, para o seu estudo e retiro. Em sua leitura, todos os dias você encontrará algum consolo e apoio contra a pobreza, a morte e outras calamidades que afetam a vida humana. Extraia o que quiser e depois separe um trecho específico do restante, para a meditação daquele dia.

E assim é com nossos estudos, contanto que eles permaneçam íntegros, eles passam à memória sem afetar a compreensão; mas, depois da reflexão, eles se tornam nossos, e dão-nos força e virtude.

Há alguns escritos que suscitam algumas resoluções generosas e, por assim dizer, inspiram um homem com uma alma nova. Eles expõem as bênçãos da vida feliz e me enchem, ao mesmo tempo, de admiração e esperança. Eles me fazem venerar os oráculos da Antiguidade e reclamá-los como uma herança comum; pois eles são o tesouro da humanidade, e meu dever é melhorar a linhagem e transmiti-la para a posteridade.

Não é minha intenção até aqui ser o mestre da verdade, mas ainda sou um inquiridor obstinado dela. Não sou escravo de ninguém; mas ao venerar grandes homens, desafio algo a mim mesmo. Nossos antepassados não nos legaram apenas suas invenções, mas também questões que devem ser investigadas mais a fundo.

Não é este um bom momento para mexermos e brincarmos com as palavras? Quantas coisas úteis e necessárias existem que primeiro precisamos aprender e, depois, gravar em nossas mentes. Pois não basta lembrar e compreender, a não ser que pratiquemos o que sabemos.

Às vezes, de repente, em meio às minhas reflexões, meus ouvidos são atingidos pelo grito de mil pessoas juntas, vindo de algum espetáculo ou coisa assim, e o barulho não perturba meu pensamento; para mim, isso não é mais do que o bater das ondas ou o vento na floresta; mas, possivelmente, às vezes, o barulho pode desviá-los. "Bom Deus", penso, "se pelo menos os homens exercitassem seus cérebros como exercitam seus corpos e se esforçassem pela virtude como se esforçam pelo prazer!". Pois as dificuldades fortalecem a mente, assim como o trabalho fortalece o corpo.

Com esses pensamentos, recorro à minha filosofia; e, então, penso eu, não ficarei bem a menos que me disponha a algum emprego público; não por honra ou vantagem, mas para colocar-me numa posição em que possa ser útil ao meu país e aos meus amigos. Mas, quando me ponho, por outro lado, a considerar os incômodos, os abusos e a perda de tempo que acompanham as questões públicas, volto para casa o mais rápido que posso e decido passar o restante de meus dias na privacidade de meu lar.

Que loucura é aferrar nossos corações a trivialidades; sobretudo em detrimento das obras mais sérias de nossas vidas e da finalidade mais importante de nosso ser!

Quão miserável, além de curta, é a vida das pessoas que querem conquistar com muito esforço o que possuem com mais esforço ainda; e que guardam temerosos o que conquistam com dificuldade!

Mas em tudo somos governados pela opinião e tudo é para nós de acordo com o que cremos.

II.
O CONHECIMENTO DA VIRTUDE

Seja fiel a si mesmo e examine-se se você pensa hoje da mesma forma que ontem, porque isso é um sinal da sabedoria perfeita.

Cabe aos jovens reunir conhecimento e, aos velhos, usá-lo: e certifique-se de que nenhum homem faça um relato mais fiel de seu tempo a não ser aquele que estuda diariamente para melhorar a si mesmo.

Não há idade mais adequada à virtude do que aquela cujo conhecimento da virtude vem por meio de muitas experiências e de longos sofrimentos: pois nossas concupiscências são, então, fracas, e nosso juízo, forte; e a sabedoria é o efeito do tempo.

Somos levados a compreender a virtude pela coerência que encontramos nessas e naquelas ações dedicadas à índole e à razão correta; pela ordem, graça e constância delas, e por uma certa majestade e grandiosidade que supera todas as outras coisas. Daí provém uma vida feliz, para a qual nada sai errado; mas, pelo contrário, tudo acontece com nosso exato desejo.

Devo dizer-lhe agora, em uma palavra, a soma do dever humano? Paciência, onde devemos sofrer; e prudência nas coisas que fazemos.

Apenas se pode dizer com propriedade é que a vida longa é aquela que une todas as idades; ao passo que a vida curta esquece o passado, negligencia o presente e tem afã pelo porvir.

Somos melhores com os perigos; e, portanto, um sábio tem de estar com suas virtudes em permanente prontidão para enfrentá-los. Seja pobreza, perda de amigos, dores, doenças ou qualquer coisa do tipo, o sábio ainda se mantém firme; ao passo que um tolo se surpreende com tudo e teme até os que o ajudam; ou ele não oferece resistência, ou o faz pela metade. Ele não aceita o conselho dos outros nem olha para si mesmo: ele considera a filosofia algo que não vale o seu tempo; e se ele ao menos puder adquirir a reputação de bom homem entre as pessoas comuns, ele não se preocupa mais, mas declara que cumpriu seu dever.

Não são muitos os homens que conheçam suas próprias mentes, a não ser no instante em que desejam alguma coisa. Queremos uma coisa hoje e outra amanhã; de modo que vivemos e morremos sem chegarmos a qualquer solução; e seguimos procurando em outros lugares o que podemos dar a nós mesmos, isto é, uma boa mente.

Chegará a hora em que nos maravilharemos que a humanidade ignore por tanto tempo as coisas que estão expostas e disponíveis para se fazerem conhecer. A verdade é oferecida a todos; mas temos, contudo, de nos contentar com o que já foi descoberto; e deixar que algumas verdades sejam recuperadas em outras épocas. A verdade exata das coisas é conhecida apenas por Deus: mas ainda nos é lícito inquirir e conjeturar, embora não com confiança demasiada, e não totalmente sem esperança.

O resumo da questão entre você e eu é: "é melhor que o homem se desfaça de si mesmo, ou de algo que a ele pertence?" E isso se resolve facilmente, em todos os enfrentamentos entre os bens do bom senso e do acaso, e os da honra e da consciência. As coisas que todos os homens cobiçam são apenas enganosas e externas; e não há nada nelas que ofereça satisfação substancial. Tampouco há algo tão difícil e horrível no contrário.

Um sábio repele ou escolhe, à medida que a questão se lhe apresenta, sem temer o mal que rejeita ou admirar aquilo que escolhe. Ele nunca se surpreende; mas, em meio à abundância, ele se prepara para a pobreza, como um príncipe prudente se prepara para a guerra nas profundezas da paz. Nossa condição é boa o bastante se fizermos dela o melhor possível; e nossa felicidade está sob nosso próprio poder.

Costumamos dizer que todo homem tem seu lado fraco: mas permita-me dizer-lhe que quem domina um vício domina todo o resto. Aquele que subjuga a avareza pode derrotar a ambição.

A justiça é um princípio natural. Devo conviver desse modo com meu amigo, desse com meu compatriota e desse com meu cônjuge: e por quê? Porque é justo; não por desígnio ou recompensa; pois é a virtude em si, e nada mais, o que nos compraz. Não há lei vigente que determine que se guarde os segredos de um amigo ou que não se traia um inimigo; e, ainda assim, há justa causa em reclamar se um homem trai a nossa confiança. Se um homem perverso me pede que eu pague o que lhe devo, não terei escrúpulos de jogar o dinheiro no colo de uma prostituta comum, se ela for indicada para recebê-lo. Porque meu dever é pagar o dinheiro, e não dizer como ele deve gastá-lo. Devo pagar a dívida quando o homem bom achar conveniente e quando o homem mau pedir.

Não existe combinação mais desproporcional em qualquer criatura do que no homem: a da alma com o corpo. Há a associação da intemperança com divindade, da tolice com rigidez, da preguiça com atividade e da sordidez com pureza: mas uma boa espada nunca se torna pior por conta de uma bainha ruim. Somos mais movidos por medos imaginários do que por verdades; porque a verdade traz em si uma certeza e uma fundação; mas, por outro lado, estamos expostos à licenciosidade e às conjecturas de uma mente distraída; e nossos inimigos não são mais imperiosos do que nossos prazeres. Colocamos nossos corações nas coisas transitórias, como se elas fossem eternas; ou, por outro lado, como se as fôssemos possuir para sempre. Por que não preferimos pensar nas coisas que são eternas e contemplar a origem celestial de todos os seres? Por que, pela razão divina, não triunfamos sobre a fraqueza da carne e do sangue?

O bem soberano de um homem é uma mente que sujeita todas as coisas a si mesma e que, por sua vez, não se sujeita a nada: seus prazeres são contidos, severos e reservados: e são mais um tempero ou uma distração na vida do que o entretenimento dela. Talvez alguém se questione se esse homem vai para o céu ou se o céu vem a ele: porque um homem bom é influenciado pelo próprio Deus e tem uma espécie de divindade dentro de si. E se um homem bom vive no prazer e na abundância enquanto outro vive na carência e na miséria? Não é virtuoso desprezar as coisas supérfluas, mas as necessárias: e ambas são igualmente boas, embora em circunstâncias e situações diferentes.

    Quem é que, diante de uma reflexão sóbria, não quereria ser um homem honesto, nem que seja só pela reputação? Virtude que você deve encontrar no templo, no campo ou nas muralhas, cobertas por pó e sangue, na defesa do povo. Prazeres que você deve encontrar entrando às escondidas nos bordéis, nas saunas, empoado, maquiado etc. Não que os prazeres devam ser totalmente negados, mas devem ser usados com moderação e colocados em subserviência às virtudes. As boas maneiras sempre nos agradam; mas a maldade é incansável e está sempre mudando; não para melhor, mas por uma questão de variar. Estamos despedaçados entre esperanças e medos; o que significa que a Providência (que é a maior bênção celestial) é transformada em maldade. Os animais selvagens, quando se encontram diante dos seus perigos, fogem: e quando deles escapam, aquietam-se: mas o homem infeliz é igualmente atormentado, tanto pelas coisas do passado quanto pelas do futuro; porque a memória traz de volta a ansiedade dos nossos medos passados, e nossa previsão antecipa o futuro; ao passo que o presente não torna nenhum homem infeliz. Se tememos tudo o que é possível, vivemos sem limites para as nossas misérias.

EPITETO

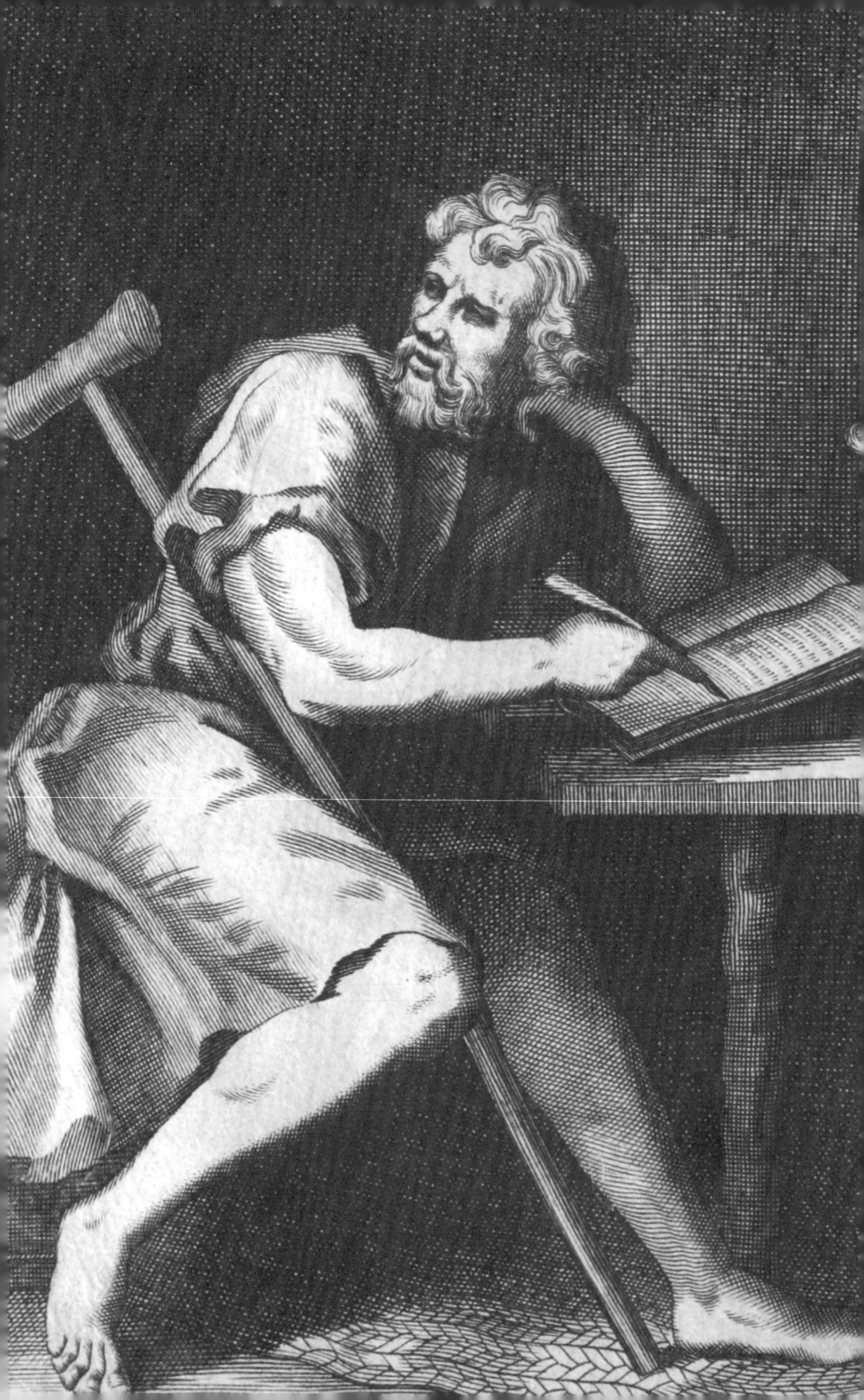

EPITETO

DIATRIBES, OU OS DIÁLOGOS DE EPITETO

Livro I

1

O que, então, deve ser feito? Tirar o melhor proveito possível de tudo o que está em nosso poder, e aceitar o resto tal como acontece naturalmente.

2

Eu devo morrer; mas preciso morrer gemendo também? — Devo ser acorrentado. Devo estar lamentando também? — Devo ser exilado. E o que me impede, contudo, de ser exilado sorrindo, alegre e sereno? — "Revela um segredo" — não o farei, pois isso está em meu poder. "Então vou acorrentá-lo". — O que está dizendo, homem? Me acorrentar? Você vai acorrentar a minha perna; mas nem mesmo o próprio Júpiter poderia derrotar meu livre-arbítrio. "Vou jogá-lo na prisão; vou decapitar esse seu corpo insignificante". Acaso alguma vez eu já lhe disse que somente a minha cabeça não corria o risco de ser cortada?

3

Isto é o que significa ter estudado o que deve ser estudado; ter tornado nossos desejos e aversões incapazes de serem contidos ou sujeitados. Eu devo morrer; se neste instante, morrerei neste instante; mas, se daqui a algum tempo, farei antes uma refeição; e, quando a hora chegar, então morrerei. Como? Como é apropriado para alguém que devolve o que não lhe pertence.

4

É você quem conhece a si mesmo, que sabe o valor que dá a si mesmo, e por quanto se vende; pois pessoas diferentes vendem-se a preços diferentes.

5

Apenas considere a que preço você vende sua própria vontade e escolha, homem: na falta de outra coisa, que você não possa vendê-la por uma ninharia. A grandeza, de fato, e a excelência, talvez pertençam a outros, como Sócrates.

Por que, então, uma vez que nascemos com uma natureza semelhante, nem todos, ou a maior parte de nós, se tornam como ele?

Ora, por acaso todos os cavalos são velozes? Todos os cães são sagazes? Então, como a natureza não se fez minha amiga, devo abandonar todo o cuidado comigo mesmo? Pelos deuses, não! Epiteto é inferior a Sócrates, mas se eu for superior a _____, isto me basta. Jamais serei Mílon, e ainda assim não deixo de cuidar de meu corpo; tampouco serei Creso, e, apesar disso, não negligencio minha propriedade; do mesmo modo, em geral, não deixamos de cuidar de qualquer coisa que nos pertença, apenas pelo desespero de não atingir o mais alto grau de perfeição.

6

Se uma pessoa pudesse ser persuadida deste princípio da maneira correta, o de que todos descendemos originalmente de Deus e que ele é o Pai dos deuses e dos homens, imagino que ela jamais seria capaz de pensar de maneira cruel ou depreciativa a respeito de si mesma. Suponha que César fosse adotá-lo; não haveria como suportar sua aparência arrogante: e você não ficaria exultante em saber que é filho de Júpiter?

7

Qual é o propósito da virtude? Uma vida próspera.

8

Então, onde jaz o progresso? Se qualquer um de vocês, em se afastando de tudo o que é externo, volta-se àquela sua própria faculdade do arbítrio, para exercitá-la, apurá-la e torná-la conforme à natureza; elevada, livre, sem limites, sem obstáculos, fiel, decente; e se ele também aprendeu que qualquer um que deseje, ou tenha aversão, aquilo que está além da sua própria vontade, não pode jamais ser fiel ou livre, mas deve necessariamente sofrer alguma mudança e ser jogado para cima e para baixo com eles; deve necessariamente também estar sujeito a outros que têm o poder de proporcionar ou evitar o que ele deseja ou quer evitar; se, ao se levantar pela manhã, ele observar e seguir estas regras; toma banho e come como um homem dotado de fidelidade e honra; e, como tal, em tudo o que faz, exercita seu dever principal; como um corredor, no ofício de correr, como um orador, no ofício de exercitar sua voz: esse é aquele que de fato progride; esse é aquele que não viajou em vão. Mas se a sua única intenção for ler livros, e ele tiver apenas se esforçado para isso, e viajado para isso: eu peço a ele que vá para casa imediatamente, e não negligencie seus afazeres domésticos, pois ele viajou tudo isso à toa. A única coisa real é estudar como livrar a sua vida das lamentações e queixas, e dos

"Ai de mim!" e "O que será de mim?", e dos infortúnios e das decepções; e aprender o que é a morte, o que é o exílio, o que é a prisão, o que é o veneno: que, então, dentro de uma prisão, ele possa dizer, como Sócrates: "Meu caro Críton, se esta é a vontade dos deuses, que assim seja", e não "Maldito velho, foi para isso que conservei meus cabelos brancos?".

9

Oferecemos sacrifícios para/por aqueles que nos deram o trigo e as vinhas, e não devemos agradecer a Deus por aqueles que produziram esse fruto na compreensão humana, pela qual eles passam a revelar para nós a verdadeira doutrina da felicidade?

10

De cada evento que acontece no mundo é possível celebrar a providência se uma pessoa tiver uma destas duas características em si: a capacidade de considerar o que acontece a cada indivíduo e um temperamento grato. Sem o primeiro, ela jamais será capaz de perceber a utilidade das coisas que acontecem, e, sem o outro, ele jamais será capaz de ser grato por elas. Se Deus tivesse criado as cores, mas não a capacidade de vê-las, qual seria a sua utilidade? Nenhuma.

11

Quem é que fez a espada se encaixar na bainha e a bainha na espada? Ninguém? Dada a própria construção de obra completa, costumamos declarar categoricamente que ela deve ter sido feita por um algum artífice, e não fruto do mero acaso. Então, todas as obras desse tipo são indicativas de um artífice; e os objetos visíveis, e o sentido da visão, e a Luz, não indicariam um? Por acaso a diferença dos sexos, e a atração que sentem um pelo outro, e o uso de seus vários poderes tampouco são capazes de provar a existência de um artífice?

Certamente que sim.

12

Deus criou o homem como um espectador de si mesmo e de suas obras; mas não só um mero espectador, um intérprete delas. É vergonhoso, portanto, que o homem comece e termine sua existência onde os animais irracionais o fazem. De fato, ele deve começar no mesmo ponto, mas terminar onde a própria natureza fixou nosso fim; e isso se dá por meio da contemplação e da compreensão, e em um esquema de vida conforme à natureza.

Cuidem, então, para não morrer sem terem sido espectadores dessas coisas. Vocês viajam a Olímpia para admirar a obra de Fídias, e cada um de vocês pensa que seria um infortúnio morrer sem o conhecimento de tais coisas; e não terão vocês qualquer inclinação a entenderem e serem espectadores daquelas obras para as quais não há necessidade de empreender uma viagem; aquelas que já estão à disposição e próximas, até mesmo para aqueles que não se empenham? Então, jamais perceberão vocês o que vocês são e para que nasceram, nem por que motivo vocês são espectadores admitidos dessa visão?

13

Bem, e [no caso atual] você não foi dotado de faculdades pelas quais você pode suportar todos os eventos? Você não recebeu grandeza de alma? Não recebeu um espírito másculo? Não recebeu paciência? Que significado tem para mim qualquer coisa que acontecer se eu tiver grandeza de alma? O que me desconcertará, perturbará, ou me parecerá doloroso? Não devo utilizar as minhas faculdades para o propósito para o qual elas me foram concedidas, mas, em vez disso, lamentar e gemer diante de tudo o que acontece?

– Ah, mas meu nariz está escorrendo.
– E para que é que você tem mãos, besta, se não para assoá-lo?
– Mas, por acaso, teria algum bom motivo para que existisse uma coisa tão suja assim no mundo?
– E quão melhor é você limpar o seu nariz do que reclamar?

14

Qual é o ofício do raciocínio? Estabelecer posições verdadeiras; rejeitar as falsas; e se abster de qualquer julgamento quanto às duvidosas. Ter aprendido apenas isso, então, é suficiente? — Por acaso basta, então, para aquele que jamais cometeria um erro no uso do dinheiro, simplesmente ter ouvido falar que devemos aceitar as moedas verdadeiras e recusar as falsas? — Não, isso não basta. — O que é preciso, além disso? — Essa faculdade que põe à prova e distingue entre as moedas falsas e as verdadeiras. — Logo, no raciocínio também, o que já foi dito não é o bastante; pois também é necessário que sejamos capazes de pôr à prova e distinguir entre o que é verdadeiro, o que é falso e aquilo que é duvidoso. — É necessário.

15

Se você me perguntar qual é o bem do homem, nada mais terei a lhe dizer, além de um certo controle quanto às suas escolhas, no que diz respeito às aparências das coisas.

16

Deve o parentesco com César, ou com qualquer outro dos grandes de Roma, capacitar um homem a viver em segurança, acima do desprezo e livre de qualquer tipo de medo? E não deve ao fato de ter Deus como nosso Criador, Pai e Guardião nos livrar dos sofrimentos e terrores?

17

Este é o trabalho, se houver, que deve empregar o seu professor e preceptor, caso você o tenha: você deve ir a ele e dizer: "Epiteto, já não podemos suportar estar presos a este corpo insignificante, tendo de alimentá-lo, repousá-lo e limpá-lo, apressados com tantos cuidados aviltantes que ele exige. Não são essas coisas indiferentes, e nada para nós, e a morte não é mal algum? Por acaso não somos parentes de Deus e não viemos dele? Pois permita que voltemos para o lugar de onde viemos; permita que, por fim, sejamos libertos desses grilhões, que nos prendem e nos oprimem. Aqui, ladrões e assaltantes, e tribunais judiciários, e aqueles que são chamados de tiranos, parecem ter algum poder sobre nós, por conta do corpo e de suas posses. Permita-nos mostrar-lhes que eles não detêm qualquer poder".

E, neste caso, caberia a mim responder: "Meus amigos, esperem em Deus, até que Ele dê o sinal, e dispense-os deste serviço; então, retornem a Ele. Para o presente, contentem-se em permanecer neste lugar onde Ele os colocou. O tempo de sua residência aqui é curto, e fácil para aqueles que têm um temperamento como o seu. Pois que tirano, que assaltante, que ladrão, ou que judicatura são formidáveis para aqueles que consideram ao corpo e suas posses como nada? Fique. Não parta sem demonstrar consideração.

18

A verdadeira instrução é esta: aprender a desejar que as coisas aconteçam como elas acontecem. E como elas acontecem? Tal como designou o designador delas. Ele determinou que deveria haver verão e inverno, fartura e escassez, virtude e vício, e todas essas contrariedades, para a harmonia do todo. Para cada um de nós Ele concedeu um corpo e todas as suas partes, além de suas diversas propriedades e companheiros. Conscientes desse desígnio, devemos começar um processo de educação e instrução para não mudar a constituição das coisas, algo que não é colocado ao nosso alcance, nem pelo nosso bem; mas que, sendo as coisas como elas são, e como a sua natureza é em relação a nós, podemos ter nossa mente acomodada ao que existe.

19

De modo que, quando você tiver fechado a sua porta e apagado as luzes de seu quarto, lembre-se de jamais dizer que você está sozinho, pois você não está; porque Deus está dentro, e seu talento está dentro, e que necessidade têm essas coisas de luz para ver o que você está fazendo?

20

Quando alguém o consultou sobre como ele poderia persuadir seu irmão a parar de tratá-lo mal: A filosofia, respondeu Epiteto, não promete buscar nada que seja externo ao homem, do contrário, ela estaria admitindo algo além de seu tema de estudo. Pois assim como o tópico de estudo do carpinteiro é a madeira, do escultor, o latão: da arte de viver, o tópico de estudo é a própria vida de cada pessoa.

21

Nada de grandioso pode ser repentinamente levado à perfeição, o mesmo vale para um cacho de uvas ou um figo. Se você me dissesse que neste exato minuto quer comer um figo, eu responderia que é preciso de tempo. Ele primeiro precisa desabrochar, então o fruto precisa nascer, e, depois, amadurecer. Portanto, o fruto de uma figueira não é repentinamente levado à perfeição, dentro de uma hora; assim, possuiria você o fruto da mente humana num tempo tão curto, e sem dificuldade? Digo-lhe: não espere tal coisa.

22

Não deveríamos, quer estejamos cavando, arando, ou comendo, estar cantando o hino a Deus? Grande é Deus, que nos forneceu esses instrumentos para arar a terra; grande é Deus, que nos deu mãos, o poder de engolir, um estômago; que nos deu o poder para crescer sem que nos déssemos conta, para respirar enquanto dormimos. Mesmo essas coisas nós deveríamos celebrar em todas as ocasiões, mas para torná-las o tema do maior e mais divino hino: que Ele nos deu a capacidade de apreender todas essas coisas e utilizá-las de uma maneira adequada.

23

Quem, então, é invencível? Aquele a quem, independentemente de sua escolha, nada perturba.

24

Os filósofos enunciam paradoxos. Por acaso não existem paradoxos em outras artes? O que é mais paradoxal do que furar o olho de alguém para fazê-lo ver? Se alguém contasse isso a uma pessoa que não sabe o que é uma cirurgia, ela não riria dela? O que há de surpreendente, então, se também na filosofia existem diversas verdades que parecem paradoxos para os ignorantes?

25

Sócrates costumava dizer que não devemos viver uma vida não examinada.

26

Quando você estiver se dirigindo para qualquer um dos grandes, lembre-se de que há Outro, que vê de cima tudo o que acontece; e a quem você precisa agradar mais do que aos homens.

Livro II

1

Pois não é a morte ou a dor o que deve ser temido, mas o medo da dor ou da morte. Por isso, aplaudimos aquele que disse: "A morte não é um mal, mas morrer desonrosamente é".

2

E assim, esse paradoxo deixa de ser tanto impossível quanto um paradoxo; o de termos que ser ao mesmo tempo cautelosos e corajosos; corajosos naquilo que não depende de nossas escolhas, e cuidadosos naquilo que depende.

3

Você que está prestes a passar por seu julgamento, considere o que deseja preservar e no que quer ser bem-sucedido. Pois, como respondeu Sócrates a alguém que o aconselhava a se preparar para o seu julgamento: "Você não acha", disse ele, "que estive me preparando para isso durante toda a minha vida?" Mas que tipo de preparação? "Preservei aquilo que estava em meu próprio poder". O que você quer dizer? "Não fiz nada de injusto, nem na vida pública nem na vida privada".

4

Como acertadamente respondeu Diógenes a alguém que desejava cartas de recomendação dele: "De imediato ele saberá que você é um homem;

e se você é um homem bom ou mau, ele também o saberá, caso tenha alguma habilidade nessa distinção; e, se não tiver, ele jamais o saberá, ainda que eu escrevesse isso mil vezes".

5

Como, então, deve-se preservar a intrepidez e a tranquilidade e ser, ao mesmo tempo, cuidadoso sem ser precipitado nem indolente?

Basta imitar aqueles que gostam de jogos. Os dados são indiferentes; as peças são indiferentes. Como posso saber que resultado obterei? Mas cabe a mim administrar com cuidado e destreza tudo o que acontecer durante o jogo. Assim, também, na vida, esta é a questão principal: distinguir e separar as coisas, e dizer: "As coisas externas não estão em meu poder; a escolha está. Onde devo procurar o bem e o mal? Dentro de mim; naquilo que é meu". Mas no que pertence aos outros, não chame nada de bem ou mal, nem lucro ou dano, ou qualquer coisa do tipo.

6

Deus é benéfico. O bem também é benéfico. Deve parecer, portanto, que, onde está a essência de Deus, ali também está a essência do bem. Qual é, portanto, a essência de Deus? Carne? — De maneira alguma. Uma propriedade? Fama? — De maneira alguma. Inteligência? Conhecimento? Razão reta? — Certamente. Aqui, portanto, sem hesitação, busque a essência do bem.

7

Você é uma parte distinta da essência de Deus e contém uma parte dEle em você mesmo. Por que, então, você é tão ignorante a respeito do seu nobre nascimento? Por que não considera de onde você veio? Por que não se lembra, quando está comendo, de quem é você que come, e de quem está alimentando? Quando você estiver na companhia de mulheres, quando estiver conversando, quando estiver se exercitando, quando estiver discutindo, você não sabe que é um deus que você está alimentando, um deus que você está exercitando? Você carrega um deus consigo, infeliz, e nem o sabe. Por acaso está supondo que estou falando de um deus externo, feito de ouro ou prata? É dentro de si que você o carrega, e o profana, sem sequer perceber, por meio de pensamentos impuros e ações imundas. Se até mesmo a imagem de Deus estivesse presente, você não ousaria agir como age; e uma vez que o próprio Deus está dentro de você, ouvindo e vendo tudo, ainda assim você não tem vergonha de pensar e agir desta maneira, insensível à sua própria natureza e odioso para Deus?

8

Se Deus tivesse confiado um órfão aos seus cuidados, você teria sido tão descuidado com ele? Ele entregou você mesmo aos seus próprios cuidados, dizendo: "Não conheço alguém mais digno de minha confiança do que você; preserve esta pessoa para mim tal como ela é por natureza: modesta, fiel, sublime, impassível, livre de paixões, tranquila". E você não vai preservá-la?

9

Examine quem você é. Antes de tudo, um homem, isto é, alguém que não tem nada de superior à faculdade do arbítrio, mas todas as coisas estão sujeitas a ela; e ela mesma não escravizada nem submetida a nada. Considere, então, tudo aquilo de que você se distingue pela razão. Você se distingue dos animais selvagens; você se distingue do gado. Além disso, você é um cidadão do mundo e uma parte dele; e não uma subserviente, mas uma parte principal.

10

Mas você deve perder dinheiro para sofrer dano? E não há qualquer outra coisa cuja perda cause dano a um homem? Se você abandonasse de sua habilidade em gramática ou em música, consideraria que sua perda seria um dano? E se você abandonasse sua honra, sua decência, sua gentileza, você acha que isso não importa? No entanto, enquanto as primeiras são perdidas por alguma causa externa, e independência da escolha, as últimas o são por nossa própria culpa. Não há desonra em ter ou perder uma; mas não ter, ou perder, a outra é tanto vergonhoso quanto reprovável e infeliz.

11

E, então, não devo ferir aquele que me feriu? Considere antes de tudo o que é ferir; e lembre-se do que ouviu dos filósofos. Pois, se tanto o bem quanto o mal consistem em escolhas, veja se o que você está dizendo não equivale a isto: "Já que ele se feriu ao me ferir, não deveria eu me ferir ao feri-lo?"

12

O início da filosofia é este: o ser sensível à discordância dos homens entre si; uma investigação sobre a causa dessa discordância, e uma desaprovação e desconfiança daquilo que meramente parece ser; um certo exame do que parece ser, se parece correto; e uma invenção de alguma regra, como uma balança para a determinação de pesos, como um prumo para aquilo que está reto ou torto.

13

Este é o papel da filosofia: examinar e consertar as regras; e fazer uso delas quando forem conhecidas, é o ofício de um homem bom e sábio.

14

Quando as crianças choram por suas babás terem se ausentado por um tempo, dê-lhes um pedaço de bolo e logo se esquecem de sua dor. Devemos, então, por acaso, comparar você a essas crianças?

Não, de fato. Pois eu não desejo ser apaziguado por um pedaço de bolo, mas por princípios corretos. E quais são eles?

Tais como um homem que deve estudar o dia todo para não se apegar àquilo que não lhe pertence; nem a um amigo, um lugar, um ginásio, nem mesmo a seu próprio corpo, mas se lembrar da lei e tê-la constantemente diante de seus olhos. E qual é a lei divina? Conservar inviolado aquilo que é devidamente nosso, não para reivindicar aquilo que pertence aos outros; usar aquilo que nos é dado, e não desejar aquilo que não nos é dado; e, quando qualquer coisa nos for retirada, devemos recuperá-la prontamente, e sermos gratos pelo tempo que nos foi permitido utilizá-la, em vez de chorar por ela como uma criança chora por sua mamãe ou sua babá.

15

Expulse a dor, o medo, o desejo, a inveja, a malevolência, a avareza, a afeminação e a intemperança de sua mente. Mas eles não podem ser expulsos de outra forma, senão tomando apenas Deus como seu padrão; apegando-se apenas a Ele e sendo consagrado aos seus comandos. Se você desejar qualquer outra coisa, você vai, com suspiros e gemidos, seguir aquilo que é mais forte do que você, sempre buscando a prosperidade nas coisas externas, sem jamais conseguir encontrá-la. Pois você a procura onde ela não está e deixa de procurá-la onde ela de fato está.

16

Qual é a primeira tarefa daquele que estuda a filosofia? Abandonar a presunção. Pois é impossível para alguém começar a aprender o que ele vaidosamente imagina já saber. Ora, é ridículo supor que uma pessoa conseguirá aprender qualquer coisa, além do que ela deseja aprender, ou que conseguirá melhorar algo que não aprende.

17

Todo hábito e faculdade é preservado e melhorado por ações correspondentes: como o hábito de caminhar, caminhando, e o de correr, correndo. Se você quer ser um leitor, leia; se quer ser um escritor, escreva. Mas se você ficar um mês sem ler e decidir fazer outra coisa, verá qual será a consequência. Do mesmo modo, depois de ficar sentado por dez dias, levante-se e tente fazer uma longa caminhada e descobrirá como suas pernas estão enfraquecidas. No geral, portanto, tudo o que você quiser que se torne costumeiro, pratique; e se não deseja que algo se torne costumeiro, não o pratique, mas habitue-se a outra coisa.

É o mesmo com respeito às operações da alma. Sempre que estiver com raiva, certifique-se de que não é apenas um mal presente, mas de que você reforçou um hábito como se estivesse jogando combustível no fogo. Quando se sentir vencido pela companhia das mulheres, não considere isso como uma única derrota, mas sim que você alimentou, e aumentou, sua depravação. Pois é impossível que hábitos e faculdades não sejam produzidos, fortalecidos e ampliados, por ações correspondentes.

18

Portanto, se você não gostaria de ter um temperamento irascível, não alimente o hábito. Não lhe dê nada que o ajude a crescer. Fique quieto, inicialmente, e lembre-se dos dias em que você não ficou com raiva.

Eu costumava ficar com raiva todos os dias; agora, a cada dois dias; depois a cada três e quatro; e, se você conseguir ficar por trinta dias, ofereça um sacrifício em agradecimento a Deus. Pois um hábito primeiro precisa ser enfraquecido, para depois ser totalmente destruído. "Não me irritei hoje, nem no dia seguinte, nem por três ou quatro meses depois; mas prestei atenção em mim mesmo quando coisas que me provocaram aconteceram". Pode ter certeza de que está num bom caminho. "Hoje, quando vi uma pessoa bela, não disse para mim: 'Ah, se eu pudesse possuí-la!'. E 'Quão feliz é seu marido!' (pois aquele que diz isso, também está dizendo 'Quão feliz é seu amante!'); nem fiquei imaginando-a diante de mim, tirando suas roupas, deitada ao meu lado". Quando isso acontece, faço um carinho em minha própria cabeça e digo: "Muito bem, Epiteto! Você resolveu um belo sofisma, muito mais belo do que aquele que é tão celebrado nas escolas". Mas ainda que essa senhorita se mostrasse disposta, e me desse sinais de que estava interessada, e me mandasse chamar, e pegasse em minha mão e se colocasse ao meu lado, eu deveria, então, renunciar ao desejo e sair vitorioso, esse seria um sofisma acima de todas as sutilezas da lógica. Isso sim, e não saber debater astutamente, é um motivo apropriado para orgulhar-se.

19

No que diz respeito àqueles que abraçam a filosofia apenas em palavras: quem, portanto, é um estoico? Assim como chamamos de fídica uma estátua feita de acordo com a arte de Fídias, mostre-me uma pessoa formada de acordo com os princípios que ela professa. Mostre-me alguém que esteja doente, e feliz; correndo perigo, e feliz; morrendo, e feliz; exilado, e feliz; desgraçado, e feliz. Mostra-me ele pois, por Deus, anseio em ver um estoico. Mas (dirá você) que não conhece algum que tenha atingido a formação perfeita. Pois então, mostre-me algum que ainda está em formação; alguém que esteja se aproximando desse caráter. Faça-me esse favor. Não recuse a um velho a chance de ver algo que ele nunca viu. Você acha que vai mostrar o Júpiter ou a Minerva de Fídias, uma obra feita de ouro ou marfim? Que qualquer um de vocês me mostre apenas uma alma humana disposta a ter os mesmos sentimentos que os de Deus, a não acusar nem Deus nem os homens a não se decepcionar com seu desejo, ou incorrer em sua aversão, a não ficar com raiva, a não ser invejoso, a não ter ciúme, enfim, um homem disposto a tornar-se um deus, e que, nesse pobre corpo mortal, almeja estar em comunhão com Júpiter. Mostre-o para mim. Mas você não será capaz.

20

Proposições verdadeiras e evidentes devem necessariamente ser usadas até pelos que as contradizem. E, talvez, uma das provas mais contundentes de que algo como a evidência existe é a necessidade que aqueles que a contradizem têm de utilizá-la. Se uma pessoa, por exemplo, negar que tudo seja universalmente verdadeiro, terá obrigatoriamente que afirmar o contrário, que nada é universalmente verdadeiro. O quê, infeliz, nem mesmo esta última afirmação? Pois o que é isso senão dizer que tudo o que é universal é falso? Do mesmo modo, se alguém vier e disser: "Saiba que não há nada que saberá ser conhecido, mas todas as coisas são incertas"; ou outro: "Acredite em mim, e será melhor para você: nenhum homem deve acreditar em nada"; ou um terceiro: "Aprenda comigo que não há nada a se aprender; eu lhe digo isso e vou ensiná-lo a prova para isso, se você não se importar". Agora, qual a diferença entre esses e aqueles que se autodenominam Acadêmicos[8]? Aqueles que nos dizem: "Convençam-se de que ninguém jamais será convencido. Acredite em nós, ninguém acredita em ninguém".

21

Assim também, quando Epicuro pretende destruir a relação natural que existe entre os homens, ele está fazendo uso exatamente daquilo que

---

[8] Os Acadêmicos são uma escola de filosofia cética. Produziram argumentos abstrusos para provar a impossibilidade do conhecimento verdadeiro, de se alcançar a verdade. Rememoram, de certa maneira, os sofistas, nos meios que se serviam para "provar" suas posições. Foram objeto de enfrentamento por parte de Santo Agostinho (354-430) na obra *Contra os Acadêmicos*. (N. E.)

ele está destruindo. Pois o que ele diz? "Não se deixe enganar, nem ser seduzido, nem induzido ao erro. Não existe qualquer relação natural entre os seres racionais. Acredite em mim. Aqueles que dizem o contrário enganam e abusam de você". Por que você está preocupado conosco, então? Deixe que sejamos enganados. Você nunca estará em pior situação se todos nós estivermos persuadidos de que existe uma relação natural entre os homens, e que ela deve ser preservada de qualquer maneira. Pelo contrário, será muito mais seguro e melhor. Por que se incomoda tanto conosco, senhor? Por que interrompe seu descanso por nós? Por que acende sua lâmpada? Por que acorda tão cedo? Por que compõe tantos volumes? Seria para que nenhum de nós deva ser enganado a respeito dos deuses, como se eles por acaso tomassem conta dos homens? Ou para que não possamos supor que a essência do bem consiste em nada além de prazer? Pois, se essas coisas são assim, deite-se e durma, e leve uma vida da qual você se julga digno — a de um mero réptil. Coma e beba, satisfaça sua paixão pelas mulheres, e relaxe e ronque. Que lhe importa se os outros pensam de maneira correta ou errada a respeito dessas coisas?

22

Quaisquer que sejam os objetos aos quais uma pessoa dedica sua atenção, ela provavelmente os ama. Os homens, então, em algum momento, dedicam sua atenção a coisas más? — Não, de maneira alguma. Ou mesmo ao que não lhes diz respeito? — Não, nem mesmo a isso. Resta deduzir, portanto, que o bem deve ser o único objeto de sua atenção; e, se de sua atenção, também de seu amor. Quem quer que, portanto, seja capaz de entender o bem, é igualmente capaz de amar; e alguém que não consegue distinguir o bem do mal, nem ambos daquilo que não é nem bom nem mau, como é possível que ele possa amar? Somente a pessoa prudente, portanto, é capaz de amar.

23

Se, portanto, falar com propriedade é algo inerente àquele que é hábil, você não percebe que saber ouvir de modo proveitoso é igualmente algo intrínseco a quem é hábil? Aqueles que querem dar ouvidos aos filósofos precisam exercitar a maneira como escutam.

24

Quando um dos presentes lhe disse: "Convença-me de que a lógica é necessária"; ele respondeu: "Você gostaria que eu lhe demonstrasse?" — "Sim". "Então, preciso utilizar uma forma demonstrativa de argumentação". — "De acordo". "E como você saberá, então, se eu argumento de forma sofisticada?" Ao ouvir isso, o homem ficou em silêncio. "Você vê", disse ele, "que até mesmo por sua confissão, a lógica é necessária; já que, sem sua assistência, você não pode aprender sequer se ela é ou não necessária".

Livro III

1

Sobre o exercício ascético: não devemos conduzir nossos exercícios além de nossa natureza, nem somente para atrair admiração; pois assim, nós, que nos dizemos filósofos, não seremos diferentes de malabaristas.

2

Assim como intérpretes ruins não conseguem cantar sozinhos, mas em coro, algumas pessoas não conseguem caminhar sozinhas. Se você for alguma coisa, ande sozinho, fale sozinho e não se esconda no coro. Pense um pouco, finalmente; olhe à sua volta, esquadrinhe-se, para que você saiba o que você é.

3

Sou melhor que você, pois meu pai foi cônsul. Eu fui um tribuno, diz outro, e você não. Se fôssemos cavalos, por acaso você diria: "Meu pai é mais rápido do que o seu"? "Tenho abundância de aveia e feno, belos enfeites"? E agora, se enquanto você estivesse dizendo isso, eu respondesse: "Que seja, vamos apostar uma corrida, então". Não há nada no homem análogo a uma corrida de cavalos, pelo qual se possa saber quem é melhor ou pior? Não existe honra, fidelidade, justiça? Mostre-se melhor em algumas dessas coisas para que possa ser melhor enquanto homem. Mas, se você me disser que pode coicear violentamente, eu direi novamente que você se avalia segundo as propriedades de um asno.

4

Aquele que frequentemente conversa com os outros, seja em discurso ou diversão, ou em qualquer modo de vida familiar, precisa necessariamente se tornar como seus companheiros, ou torná-los como ele. Pois, se um carvão que se apagou for colocado do lado de um incandescente, ou o primeiro apagará o fogo do último ou o último acenderá o primeiro. Dado, então, que o perigo é tão grande, é preciso cuidado ao entrar em tais familiaridades com o vulgo; lembre-se de que é impossível encostar em um limpador de chaminés sem ser participante de sua fuligem.

5

Você não sabe que um homem sábio e bom não faz nada por vaidade, mas em nome de ter agido bem?

6

Ora, você não sabe, então, que a origem de todos os males humanos, de toda a perversidade e da covardia não é a morte, mas o medo da morte? Fortifique-se, portanto, contra isso. De agora em diante, tenha isso em mente em todos os seus discursos, leituras e exercícios. E então você saberá que somente sozinhos é que os homens se tornam livres.

Livro IV

1

Considere nossa ideia de liberdade aplicada aos animais. Algumas pessoas criam leões domesticados, alimentam-nos, e até mesmo levam-nos com eles aonde vão; mas quem dirá que tal leão é livre? Por acaso ele não vive mais escravizado quanto mais descansado ele viver sua vida? E quem é que, tendo algum bom senso e razão, gostaria de ser um desses leões? Do mesmo modo, quanto os pássaros, que são aprisionados e mantidos numa gaiola, sofrem ao tentarem voar para longe? Ora, alguns deles preferem morrer de fome a viver uma vida dessas; então, os que conseguem sobreviver, fazem-no com grande dificuldade e em uma condição lastimável, e, no momento em que encontram alguma oportunidade, eles voam, tamanho é o seu desejo pela liberdade natural e por poderem viver a seu bel-prazer e sem restrições.

2

Você acha que a liberdade é algo de grandioso, nobre e valioso? — "Como não acharia?" É possível, então, que aquele que adquire algo tão grandioso, valioso e nobre tenha um espírito abjeto? — "Não é". Sempre, portanto, que você vir um sujeito a outro, e lisonjeando-o, contrariando sua própria opinião, diga com confiança que ele tampouco é livre; não só se ele estiver agindo assim em troca de uma refeição, mas mesmo se o estiver fazendo em troca de um cargo no governo, ou melhor, um consulado; mas chame de pequenos escravos aqueles que agem por coisas pequenas, e ou outros, como merecem ser chamados, grandes escravos.

3

O que é, portanto, que faz de um homem livre e independente? Pois nem riquezas, nem consulado, nem o comando de províncias, nem reinos fazem isso dele; mas algo mais deve ser encontrado. O que é que impede que alguém seja atrapalhado, prejudicado e impossibilitado em seu exercício da escrita? — "A ciência da escrita". "E na música?" — "A ciência da música". Portanto, também na vida, é a ciência da vida. Como já você ouviu de maneira geral, considere-o da mesma maneira em aspectos específicos. É possível para aquele que não está sob qualquer tipo de limite desejar qualquer uma daquelas coisas que estão em poder de outro? — "Não". Ele consegue evitar que algo o prejudique? — "Não". Portanto, nem ele pode ser livre.

4

E se meu amigo de viagem se voltasse contra mim e me roubasse? O que devo fazer? Serei amigo de César. Enquanto eu for seu companheiro, ninguém me causará dano. No entanto, antes que eu me torne suficientemente ilustre para isso, quanto devo suportar e sofrer!? Com que frequência, e na mão de quantos, devo ser roubado? E, então, se eu me tornar um amigo de César, ele também é mortal; e se, por acaso, ele se tornar meu inimigo, para onde é melhor eu me retirar? Em um deserto? Bem, e não posso ser acometido por uma febre lá? O que pode ser feito, então? Não é possível encontrar um companheiro de viagem seguro, fiel, corajoso, incapaz de se surpreender? A pessoa que segue esse raciocínio é capaz de compreender e perceber que, caso se junte a Deus, seguirá com segurança em sua jornada. — "O que você quer dizer com aliar-se?" Que tudo o que é a vontade de Deus pode ser sua vontade também; e tudo o que não é a vontade de Deus pode não ser a dele. "Como isso deve ser feito, portanto?" — Ora, de que outra maneira, senão considerando os esforços do poder de Deus e seu governo? O que Ele me deu, que pertence a mim e é independente? E o que é que Ele reservou para si mesmo? Ele me deu tudo o que depende da escolha. As coisas em meu poder Ele inviabilizou de serem perturbadas ou restringidas.

5

Depois que você recebeu tudo, até o seu próprio eu, de outro, você fica zangado com o doador e reclama caso Ele tire algo de você? Quem é você, e com que propósito veio? Não foi Ele quem o trouxe aqui? Não foi Ele quem lhe mostrou a luz? Ele não lhe concedeu assistentes? Ele não lhe deu os sentidos? Ele não lhe deu a razão? E em que condição Ele o trouxe para cá? Não foi na condição de mortal? Não foi como alguém que deveria viver, com um pequeno pedaço de carne, sobre a Terra, para ver seu governo; para contemplar com Ele o espetáculo e tomar parte nesse festival por um curto período de tempo? Depois de ter contemplado o espetáculo e a solenidade, então, enquanto lhe for permitido, você não vai partir ao ser conduzido por Ele, adorando e agradecendo por tudo o que ouviu e viu?

6

Corrija seus princípios. Assegure-se de que nada que não seja seu se agarre a você; que nada cresça em você que lhe cause dor quando for arrancado. E diga, quando estiver fazendo seus exercícios diários, como está fazendo aqui, que não está agindo como um filósofo (admita que este é um título insolente), mas que está afirmando sua liberdade. Pois esta é a verdadeira liberdade.

7

Então, você é livre? (Alguém dirá). Pelos céus, eu desejo e oro por isso. Mas ainda não consigo enfrentar meus mestres. Eu ainda levo em consideração o meu corpo e dou grande valor em mantê-lo íntegro, embora, ao mesmo tempo, ele não o seja. Mas posso mostrar-lhe alguém que era livre, para que não mais precise procurar por um exemplo. Diógenes era livre. — "Como?" Não porque ele nasceu de pais livres, pois ele não nasceu; mas porque ele próprio o era, porque se livrou de todos os grilhões da escravidão, e não havia qualquer maneira de atingi-lo nem onde prendê-lo para escravizá-lo. Tudo estava solto sobre ele, tudo apenas pendurado. Se você tomasse dele suas posses, ele preferia deixar que você as levasse a ir atrás de você por elas; se você tomasse dele sua perna, ele a deixaria de lado; se tomasse seu corpo, ele abriria mão de seu corpo; da mesma forma agiria com seus conhecidos, amigos, sua pátria. Pois ele sabia de onde os havia obtido, e de quem e sob que condições os tinha recebido. Mas ele jamais renunciaria a seus pais verdadeiros, aos deuses, nem à sua pátria verdadeira, nem teria permitido que qualquer um fosse mais obediente e fiel a eles do que ele próprio; tampouco ninguém teria morrido mais prontamente por sua pátria do que ele.

8

E para que você não pense que estou usando o exemplo de um homem livre de empecilhos, sem esposa, filhos, pátria ou amigos, ou relações para sujeitá-lo e afastá-lo; examine Sócrates, e considere-o, que tinha uma esposa e filhos, mas que não os considerava como seus; uma pátria, amigos, conhecidos, mas somente enquanto fosse apropriado e da maneira em que isso era apropriado; e ele submetia todos eles à lei e à obediência devida a ela. Portanto, quando era apropriado lutar, ele era o primeiro a sair e expor-se ao perigo, sem qualquer hesitação. Mas, quando ele foi enviado pelos trinta tiranos para prender Leão, ele sequer considerou fazê-lo, por julgar esse um ato ignóbil, embora soubesse que, talvez, ele poderia morrer por isso. Mas o que isso significava para ele? Pois era outra coisa que ele queria preservar: não sua carne insignificante, mas sua fidelidade, sua honra, livre de ataque ou submissão. E, mais tarde, quando ele fez a defesa de sua vida, por acaso ele se portou como alguém que tem filhos? Ou uma esposa? Não; mas como um homem solteiro. E como ele se comportou quando foi obrigado a beber o veneno? Quando poderia ter fugido, e Críton tentou persuadi-lo a escapar da prisão pelos seus filhos, o que disse ele? Por acaso ele julgou aquela uma oportunidade afortunada? Como ele poderia ter feito isso? Pois ele considerava apenas o que era apropriado e não enxergava nem levava em conta qualquer outra coisa. "Pois eu não desejo", disse ele, "preservar este corpo patético, mas apenas aquela [parte de mim] que é melhorada e preservada pela justiça, e comprometida e destruída pela injustiça". Sócrates não deve ser preservado de maneira ignóbil. Ele que se recusou a votar naquilo que os atenienses ordenaram, ele que desprezava os trinta tiranos, ele que fez tantos discursos sobre virtude e beleza moral: tal homem como esse não deve ser preservado por meio de uma ação ignóbil; mas ele será preservado por sua morte, não por sua fuga. Pois mesmo um bom ator é preservado ao deixar o palco quando deve, e não por prosseguir atuando fora de hora. "O que será, então, de seus filhos?" — "Se eu tivesse fugido para a Tessália, você teria cuidado deles; e não haverá ninguém para cuidar deles quando eu partir para o Hades?" Veja como ele ridiculariza e brinca com a morte. Mas, se fosse eu ou você, teríamos imediatamente provado, por argumentos filosóficos, que aqueles que agem injustamente devem ser recompensados à sua própria maneira; e deveria ter acrescentado: "Se eu fugir, serei útil para muitos; se eu morrer, para ninguém". De fato, se tivesse sido necessário, deveríamos ter rastejado por um buraco de rato para fugir. Mas como deveríamos ter sido úteis para alguém? Pois onde morariam eles? Se fôssemos úteis vivos, não seríamos ainda mais úteis à humanidade morrendo quando devemos e como devemos? E, agora, a memória da morte de Sócrates não é menos, mas ainda mais útil ao mundo do que as coisas que ele fez e disse enquanto vivo.

9

Quando você tiver perdido algo externo a você, tenha isto sempre em mente: o que você obteve em vez disso; e, se aquilo que você perdeu tiver mais valor, de maneira alguma diga: "sou um perdedor", nem se tiver obtido um burro em troca de um cavalo, uma ovelha em troca de um boi, uma quantia em dinheiro em troca de uma boa ação, uma brincadeira boba em troca da compostura devida da mente, ou o discurso indecente em troca do pudor. Por se lembrar continuamente disso, você preservará seu caráter como deveria ser.

10

Ora, a própria natureza de todos buscar o bem, evitar o mal e considerar um inimigo e traidor todo aquele que nos priva do primeiro e nos envolve com o segundo, mesmo se ele for um irmão, um filho ou um pai. Pois nada tem uma relação mais próxima conosco do que o bem.

11

Nunca elogie ou censure alguém por ações corriqueiras, nem as atribua à habilidade ou à inabilidade, e assim você imediatamente estará livre tanto da imprudência quanto da maldade. Aquele lá toma banho rápido demais. Por acaso ele o faz de uma maneira errada? Não, de maneira alguma. Então qual o problema? Ele se banha rápido demais. — "Está tudo bem-feito, então?" — De modo algum. Mas aquilo que é feito a partir dos bons princípios é bem-feito, e o que é feito a partir dos maus, é malfeito. Mas até que você saiba quais os princípios que motivaram alguém, nem elogie nem censure a ação.

12

Em que atividade, portanto, você gostaria que a morte o encontrasse? Pessoalmente, gostaria que fosse praticando algum ato compassivo, beneficente, para o bem comum, galante. Mas se eu não puder ser encontrado fazendo algo tão grandioso assim, eu, pelo menos, estaria fazendo aquilo que eu sou incapaz de ser impedido de fazer, o que me é dado a fazer, corrigindo-me, melhorando aquela faculdade que se utiliza da aparência das coisas, para buscar a tranquilidade e dar às relações da vida o que lhes é devido; e, se eu tiver uma tal sorte, prosseguindo para o terceiro tópico, uma segurança de fazer um julgamento correto. Se a morte me encontrar nesta situação, é suficiente para mim se eu puder estender minhas mãos para Deus e dizer: "Não negligenciei as oportunidades que Você me deu de compreender e seguir [as regras] do Seu governo. Pelo que sei, não O desonrei. Veja como usei minhas percepções e meus preconceitos. Eu alguma vez encontrei algum defeito em Ti? Fiquei descontente com o que Você me designou ou desejei algo diferente? Eu transgredi as relações da vida? Agradeço-Lhe por teres me trazido à existência. Estou satisfeito com o tempo com que pude desfrutar das coisas que você me deu. Recebe-as de volta e entregue-as onde desejar; pois elas eram Suas, e Você apenas as deu a mim".

13

Quando você descuidar da sua atenção por um tempo, não pense que pode recuperá-la a hora que quiser; mas lembre-se disto: pelo erro de hoje, seus assuntos estarão necessariamente numa condição pior no futuro.

FRAGMENTOS DE EPITETO

1

É melhor ofender raramente (assumindo quando o fazemos) e agir frequentemente com sabedoria, do que dizer que raramente erramos e que ofendemos com frequência.

2

Não se envergonhe tanto do que é vazio de glória, e se aplique mais em evitar o que é vazio de verdade.

3

Se forem falar bem de você, aprenda a falar bem dos outros. E, quando tiver aprendido a falar bem deles, empenhe-se também para fazer o bem a eles; e assim você colherá o fruto de ser bem falado por eles.

4

Se você quer viver com tranquilidade e satisfação, esforce-se para que todos os que convivem com você sejam bons. E você os tornará bons, ensinando os dispostos e descartando os indispostos.

5

Ninguém que é amante do dinheiro, do prazer ou da glória é igualmente amante da humanidade; mas apenas aquele que ama a virtude.

6

Quando somos convidados para uma festa, aceitamos o que nos oferecem; e se alguém pedisse para o anfitrião que servisse peixes ou tortas, seria considerado um absurdo. Ainda assim, neste mundo, pedimos aos deuses o que eles não nos dão, apesar de eles nos terem dado muitas coisas.

7

"Eles são, de fato, camaradas bonitos", diz quem valoriza as coisas que não estão sob seu próprio poder. "Sou um homem melhor do que você", diz um, "porque tenho muitas propriedades, e você está passando fome". "Fui cônsul", diz outro; "sou governador", um terceiro; e "tenho uma bela cabeleira", um quarto. No entanto um cavalo não diz ao outro "Sou melhor do que você, porque tenho muito feno e aveia; e tenho uma rédea de ouro e arreios bordados"; mas "sou mais veloz do que você". E toda criatura é melhor ou pior, segundo suas próprias qualidades boas e más. É o homem, então, a única criatura a não possuir uma boa qualidade naturalmente? E devemos considerar os cabelos, as roupas e os ancestrais [para julgá-lo]?

8

Examine a você mesmo se você prefere ser rico ou feliz; e, se rico, esteja certo de que isso não é um bem, nem está totalmente em seu próprio poder; mas, se feliz, isso é um bem e está em seu próprio poder, uma vez que o primeiro é um empréstimo temporário do acaso e o segundo depende do arbítrio.

9

Da mesma forma que é melhor deitar-se em um sofá pequeno e ficar praticamente sem espaço para dormir, mas com saúde, do que atirar-se sobre numa cama enorme, mas doente; então é melhor apertar-se dentro do alcance de uma pequena fortuna e ser feliz do que ter uma grande fortuna e ser infeliz.

10

Não é a pobreza o que causa tristeza, mas a cobiça; tampouco são as riquezas que libertam dos medos, mas a razão. Se, pois, você adquirir o hábito de raciocinar, não desejará riquezas nem reclamará da pobreza.

11

É melhor, por ceder à verdade, conquistar a estima alheia do que, por sucumbir em nome da estima alheia, ser derrotado pela verdade.

12

É melhor ser destemido e livre vivendo com uma pessoa livre do que ser um escravo na companhia de muitos.

13

Sempre que alguém excede a moderação, as coisas mais agradáveis podem tornar-se as mais desagradáveis.

14

Se você der uma sentença justa, não se importe com as partes nem com os reclamantes, mas com a causa em si.

15

Você cometerá o menor número de faltas ao julgar se for irrepreensível na própria vida.

16

Quando Pítaco foi injustamente tratado por uma pessoa e teve o poder de castigá-la, ele a deixou ir, dizendo: "Perdoar é melhor do que punir;

porque um é a expressão de uma natureza afável, enquanto o outro, de uma natureza brutal".

17

Em todas as ocasiões, acima de tudo, considere a segurança. Hoje é mais seguro ficar em silêncio do que falar; e não fale, a não ser que suas palavras venham acompanhadas de bom senso e razão.

18

Do mesmo modo como faróis em portos, por acenderem uma grande chama a partir de poucos feixes de lenha, ajudam bastante os navios que vagueiam no mar; uma pessoa ilustre, acossada por tempestades, embora tenha pouco com o que se contentar, concede grandes benesses a seus concidadãos.

19

Como, se você fosse criar leões, não se preocuparia muito com a opulência dos covis, mas com os atributos dos próprios animais; assim, se você pretender governar seus concidadãos, tampouco se importe com a opulência das edificações, mas com a fortaleza daqueles que os habitam.

20

Assim como um ganso não se assusta com grasnados, nem uma ovelha com balidos, tampouco você deve se assustar com a voz de uma multidão insensata.

21

Assim como o Sol não espera por orações e feitiços para ser convencido a nascer, mas brilha assim que surge e é recebido com uma saudação universal; da mesma forma, você não deve esperar aplausos, gritos e elogios para fazer o bem; seja um benfeitor voluntário e você será amado como o Sol.

22

Não se deve fundear um navio apenas com uma âncora nem a vida deve estar aferrada a uma única esperança.

23

Não devemos esticar nem nossas pernas nem nossas esperanças até onde elas não alcançam.

24

Quando perguntaram a Tales (624–546 a.C.) qual era a coisa universalmente mais apreciada, ele respondeu: "A esperança, pois até os despossuídos a têm".

25

Pirro (318–272 a.C.) costumava dizer, "Não há diferença entre viver e morrer". Uma pessoa lhe perguntou: "Por que, então, você não morre?" "Porque", respondeu Pirro, "não há diferença".

26

Se você lembrar sempre que Deus está a postos, um inspetor de tudo o que você faz, seja na alma, seja no corpo, você jamais cometerá um erro em suas orações ou ações e terá Deus habitando em você.

27

Perguntaram a Epiteto como uma pessoa podia enlutar-se por um inimigo e ele respondeu: "Fazendo ela mesma o melhor possível".

28

Que nenhum homem sábio se afaste do governo do Estado; porque é ímpio abster de ser útil aos necessitados e é uma covardia dar lugar aos inúteis. Pois é tolice preferir ser malgovernado a governar bem.

29

[Lembre-se] de que tal é, foi e será a natureza do mundo; tampouco é possível que as coisas sejam diferentes do que são agora, e que não apenas os homens e os outros animais sobre a Terra participam dessa mudança e transformação como também as divindades. Na verdade, até os quatro elementos transformam-se e mudam no céu e na terra; e a terra torna-se água, a água, ar, e isso novamente se transforma em outras coisas. E a mesma transformação ocorre com as coisas que estão no alto e com as coisas que estão embaixo[9]. Quem quer que se empenhe em colocar sua mente para nessas coisas e se convença a receber com boa vontade aquilo que não pode ser evitado viverá sua vida com moderação e harmonia.

---

[9] Referência à Lei da Correspondência, das famosas sete Leis Herméticas formuladas pelo legislador egípcio Hermes Trismegisto. (N. E.)

ENCHIRIDION, OU O MANUAL DE EPITETO

1

De todas as coisas, algumas estão sob o nosso controle, outras não. Sob o nosso controle estão o juízo, o ímpeto, o desejo, a aversão e, em suma, o que quer que sejam nossas próprias ações. Não estão sob o nosso controle o corpo, a propriedade, a reputação, a capacidade de mandar e, em suma, tudo o que não são nossas próprias ações. Ora, as coisas sob o nosso poder são por natureza gratuitas, ilimitadas e desimpedidas; mas aquelas que não estão sob o nosso poder são fracas, servis, controladas, pertencem a outros. Lembre-se, então, de que, se você supõe que as coisas livres por natureza são servis, e que o que pertence ao outro é seu, você criará problemas, lamentar--se-á, ficará incomodado; você encontrará defeitos tanto nos deuses quanto nos homens. Mas se você pensar como unicamente seu aquilo que lhe pertence, e que o que pertence aos outros como deles, o que corretamente o é, ninguém jamais irá coagi-lo; ninguém o deterá; você não fará nada contra a sua vontade; ninguém irá feri-lo; você não terá um inimigo, pois você não sofrerá dano algum.

Ao almejar, portanto, coisas de tamanha importância, lembre-se de que você não deve, mesmo que de forma levemente parcial, permitir ser levado na direção das realizações dos outros: mas que você deve abandonar totalmente algumas delas e, por ora, adiar as restantes. Mas, se quiser essas coisas e quiser também ter posições e riquezas, tudo ao mesmo tempo, talvez você não consiga estas coisas por ter igualmente como objetivo aquelas: mas você irá falhar de maneira definitiva naquelas das quais advêm unicamente a felicidade e a liberdade.

Estude, pois, a fim de poder dizer a toda aparência grosseira: "Você é apenas sua aparência, e não absolutamente a coisa que parece ser". E, depois, analise isso à luz das regras que você tem, e sobretudo, por esta: se se refere às coisas que estão sob o nosso controle ou daquelas que não estão; e, se se referir a algo que não esteja sob o nosso controle, esteja preparado para dizer que isso não é para você.

2

Lembre-se de que o desejo promete que você obtenha o que você deseja, e a aversão promete evitar aquilo a que você é avesso. Aquele que não encontra o objeto do seu desejo fica desapontado, e aquele que esbarra no objeto da sua aversão é infeliz também. Se, então, você restringe sua repulsa apenas àqueles objetos que são contrários ao uso natural das suas faculdades, que você tem sob seu próprio poder, você nunca incorrerá em nada ao qual você seja avesso. Mas, se você rechaça a doença, a morte ou a pobreza, você será um infeliz. Retire, então, a rejeição de tudo o que não está sob o nosso controle e passe-a para as coisas contrárias à natureza daquilo que está sob nosso controle. Mas, por enquanto, suprima completamente o desejo: pois, se você deseja algo que não está sob o nosso próprio poder, você deve necessariamente ficar desapontado; e das coisas que estão sob o nosso poder e que seria louvável desejar, nada ainda está ao seu alcance. Use apenas [os atos necessários de] perseguição e prevenção; e mesmo esses com mais calma, e com gentileza e cautela.

3

Com relação a quaisquer objetos que deleitam a mente, ou contribuam para seu uso, ou que sejam amados com autêntica afeição, lembre-se de dizer a si mesmo de que natureza eles são, começando pelas coisas mais triviais. Se você gosta de um copo de barro, é de um copo de barro que você gosta; assim, se ele se quebrar, você não vai ficar perturbado. Se você beija seu filho ou sua esposa, você beija um ser que está sujeito aos acidentes da vida, e assim você não ficará perturbado se algum deles morrer.

4

Quando você estiver realizando alguma ação, lembre-se da natureza da ação. Se pretende ir a um balneário, pense nas coisas que costumam acontecer nesse local: algumas pessoas jogam água, algumas se empurram e formam-se grupos, outras se xingam e outras roubam. E, assim, se você for a um desses locais, você irá com mais segurança se disser a si mesmo: "Agora vou ao balneário, e vou preservar minha mente em um estado compatível com minha natureza". O mesmo serve para todas as ações. Por isso, se surgir algum problema enquanto você está se banhando, você estará preparado para dizer: "Não desejei apenas o banho, mas preservar minha mente em um estado compatível com minha natureza; e eu não preservarei minha mente se ela ficar em desacordo com a forma como as coisas acontecem".

5

Os homens são perturbados, não pelas coisas, mas com os princípios e noções que eles formam a respeito das coisas. A morte, por exemplo, não é horrível, do contrário, Sócrates a teria visto assim. Mas o terror está na nossa concepção de que a morte é horrível. Quando, então, somos prejudicados, perturbados ou entristecidos, que nunca imputemos isso a outros que não nós mesmos; isto é, aos nossos próprios princípios. É prática de uma pessoa sem instrução colocar sobre outros a culpa por sua própria má condição; aquele que inicia o processo para instruir-se coloca a culpa sobre si mesmo; e quem está perfeitamente instruído não coloca a culpa nem sobre os outros nem sobre si mesmo.

6

Não se ensoberbeça por nenhum mérito que não seja o seu próprio. Se um cavalo se enaltecesse e dissesse: "Sou belo", isso seria suportável. Mas quando você se exalta e diz "Tenho um cavalo belo", saiba que, aquilo sobre o que você se enaltece só serve, na verdade, para o bem do cavalo. Então, o que é seu? O uso da aparência das coisas. De tal forma que, quando você age segundo a natureza dessas aparências, usando-as de acordo com essa natureza, você se enaltecerá com razão; pois ficará exultante por algum bem que é próprio a você.

7

Como em uma viagem, quando o navio está ancorado, se você for à praia para buscar água, você pode se divertir pegando um marisco, ou uma cebola ao longo do caminho, mas seus pensamentos devem estar voltados para o navio e constantemente em alerta, sob pena de o capitão chamá-lo e você ter que acabar deixando tudo para trás para não ser lançado no navio com o pescoço amarrado aos calcanhares, como uma ovelha, o mesmo serve para a vida: se, em vez de uma cebola ou um marisco, algo como uma esposa ou filho lhe forem dados, não há objeção; mas, se o capitão chamar, corra para o navio, deixe tudo de lado, não se atenha a nada. Se você for velho, nunca se afaste do navio: para que, quando você for chamado, consiga chegar a tempo.

8

Não exija que as coisas aconteçam segundo a sua vontade, mas deseje que elas aconteçam como acontecerem, e você irá bem.

9

A doença é um impedimento para o corpo, mas não para a faculdade de escolha, a não ser que ela própria queira. O mancar é um impedimento para a perna, mas não para a faculdade de escolha: e diga isso a si mesmo quanto a tudo o que acontece. Pois você descobrirá que isso é um impedimento para outra coisa, mas não para você mesmo.

10

A cada acontecimento, lembre-se de voltar-se para si mesmo e indagar-se quais poderes você possui a fim de fazer um uso adequado dele. Se você vir uma pessoa bela, descobrirá que a capacidade de se controlar é uma força contra isso: se a dor lhe for apresentada, encontrará fortitude; se insulto, encontrará a paciência. E dessa forma habituado, às aparências das coisas não irão incomodá-lo.

11

Nunca diga sobre nada: "Eu o perdi"; mas "Eu o restaurei". Seu filho está morto? Está restaurado. Sua mulher está morta? Está restaurada. Sua propriedade lhe foi tirada? Bem, e isso não é estar igualmente restaurada? "Mas aquele que a tirou é um homem mau". Que interessa a você por cujas mãos ele, que a deu, a exigiu de volta? Na medida em que ele lhe der, cuida; mas como de algo que não é seu, como fazem os hóspedes que passam por um hotel.

12

Se você quer melhorar, deixe de lado pensamentos como estes: "Se eu negligenciar meus negócios, não terei um sustento; se eu não corrigir meu servo, ele não servirá para nada". Porque é melhor morrer de fome, sem tristeza e medo, do que viver na afluência com perturbação; e é melhor seu servo ser mau do que você ser infeliz.

Comece, portanto, com as coisas pequenas. Um pouco de azeite foi derramado? Um pouco do vinho foi roubado? Diga a si mesmo: "Esse é o valor pago pela apatia, pela tranquilidade, e nada vem de graça. E, quando você chamar seu servo, considere que é possível que ele não atenda ao seu chamado; ou que, se atender, talvez não faça o que você gostaria que ele fizesse. Mas ele não é, de forma alguma, importante a ponto de ele ter o poder de lhe causar qualquer incômodo.

13

Se você deseja melhorar, contente-se em ser considerado um tolo e estúpido no que diz respeito às coisas externas. Não deseje que os outros pensem que você parece saber alguma coisa; e, embora você deva parecer alguém para os outros, desconfie de si mesmo. Pois, tenha certeza, não é fácil, ao mesmo tempo, preservar sua faculdade de escolha de acordo com a natureza e [assegurar] as coisas externas; pelo contrário, enquanto você é cuidadoso com uma, de uma, você acaba necessariamente negligenciando a outra.

14

Se você quer que seus filhos, mulher e amigos vivam para sempre, você é um estúpido; porque quer que estejam em seu poder coisas que não estão, e quer que, o que pertence a outros, seja seu. Da mesma forma, se você deseja que seu servo não tenha falhas, você é um tolo, porque quer que um vício não seja um vício, mas outra coisa. Mas, se você quer que seus desejos não sejam frustrados, isso está em seu poder. Exercita, então, o que está em seu poder. Ele é o mestre de todos aqueles que podem dar ou tirar tudo o que essa pessoa deseja ter ou evitar. Quem, então, deseja ser livre, que não deseje nada, que ele rejeite tudo o que dependa dos outros, senão será necessariamente um escravo.

15

Lembre-se de que você deve se comportar [na vida] como se estivesse se divertindo. Algo está sendo servido? Estenda a mão e pegue sua porção com moderação. Algo passou por você? Não o impeça. Ainda não chegou? Não expresse seu desejo e espere que as coisas lhe cheguem. Faça o mesmo no que diz respeito aos filhos, à esposa, aos cargos públicos, às riquezas, e um dia ou outro você será um participante digno no banquete dos deuses. E se você nem mesmo pegar as coisas que colocam diante de você, mas é capaz inclusive de desprezá-las, então você será não só um participante no banquete dos deuses, muito menos do império deles. Porque, ao fazer isso, Diógenes e Heráclito (500–450 a.C.), e outros como eles, merecidamente se tornaram, e assim foram considerados, divinos.

16

Quando você vir alguém de luto, seja pelo filho que viajou, morreu, ou por ter perdido em seus negócios, cuida para que a aparência das coisas não o precipite. Mas diferencie imediatamente as coisas dentro da sua cabeça e esteja preparado para dizer "Não é o acontecido o que aflige essa pessoa, pois não aflige outro homem; mas o julgamento que ela faz sobre o acontecido". Quanto às palavras, contudo, não hesite em consolá-lo, e até mesmo, se for o caso, em chorar com ele. Tome cuidado, porém, para não sofrer junto.

17

Lembre que você é um ator em um drama, do tipo que o autor gosta de escrever. Se a peça for curta, que seja; se for longa, que seja. Se for do agrado do autor que você interprete um pobre, um aleijado, um governante ou um indivíduo reservado, cuide para atuar com naturalidade. Porque é isso o que lhe cabe, representar bem o papel que lhe foi designado; escolher o papel pertence a outros.

18

Quando acontece de um corvo anunciar maus agouros, não se precipite pela impressão que isso passa; mas que você imediatamente identifique o que isso é e diga a si mesmo: "Nenhum desses presságios é para mim; tampouco para meu reles corpo, ou propriedade, ou reputação, ou filhos ou esposa. Contudo, para mim, todos os presságios são sinais de sorte, se eu quiser. Porque o que quer que aconteça, tirar proveito disso está em meu poder".

19

Você pode ser invencível se não entrar numa batalha cuja vitória está fora do seu alcance para ser conquistada. Quando, portanto, você vir alguém que se sobressai honras, ou poder ou em alta estima, por qualquer outro motivo, tome cuidado para não se deixar levar pela aparência e achar que ele seja feliz, porque, se a essência do bem reside nas coisas que estão sob nosso próprio controle, não há espaço para a inveja ou para o ciúme. Mas, de sua parte, não queira ser um general, ou senador ou cônsul, mas ser livre; e a única forma de conseguir isso é desprezar as coisas sobre as quais não temos controle.

20

Lembre-se de que quem afronta não é o que insulta ou agride, mas sim o princípio que representa essas coisas como afrontas. Quando, portanto, alguém o provocar, certifique-se de que não é a sua própria opinião o que o provoca. Tente, pois, em primeiro lugar, não se apressar em se deixar levar pela aparência. Porque se você ganhar tempo e um alívio, facilmente se tornará senhor de si.

21

Que a morte e o exílio, e todas as outras coisas que parecem horríveis, estejam diariamente diante de seus olhos, sobretudo a morte, e você jamais entreterá qualquer pensamento abjeto, nem jamais cobiçará ansiosamente nada.

22

Se você tem um desejo sincero de entender a filosofia, prepare-se, desde o início, para ser ridicularizado, para ser zombado pela multidão, para ouvi-los dizer: "Ele voltou para nós um filósofo mesmo" e "De onde vem esse olhar arrogante?" Ora, de sua parte, não tenha esse olhar assim arrogante, mas mantenha-se firme às coisas que lhe parecem melhores, como alguém designado por Deus para essa posição. Pois, lembre-se de que, se você se prender ao mesmo ponto, aquelas mesmas pessoas que o ridicularizaram, posteriormente, acabarão por admirá-lo. Mas se você se deixar levar por elas, será ridicularizado em dobro.

23

Se acontecer de você voltar sua atenção às coisas externas só para agradar outra pessoa, saiba que você perdeu o rumo de sua vida. Em todas as coisas, pois, contente-se, em ser um filósofo; e, se quiser que os outros o vejam como tal, seja filósofo para si mesmo, e isso lhe bastará.

24

Não deixe que pensamentos como "viverei em desonra e não serei ninguém em nenhum lugar" o perturbem. Porque, se a desonra é um mal, você não pode envolver-se com qualquer mal por causa de outro, não mais do que se envolver em qualquer coisa vil. Cabe a você conquistar um cargo público ou ser convidado para um banquete? De jeito nenhum. Como, então, isso pode ser desonra? E como é verdade que você não será ninguém em lugar nenhum, quando deveria ser alguém apenas nas coisas que estão sob o seu próprio controle e sobre as quais você pode causar o maior efeito? "Mas meus amigos não ficarão desamparados". — O que você quer dizer com "desamparado"? Eles não receberão de você dinheiro, nem você fará deles cidadãos romanos. Quem lhe disse, então, que essas coisas estão sob o nosso controle e não são problemas dos outros? Quem é capaz de dar ao outro o que não tem? "Bom, então, vá conquistá-las para que tenhamos também nossa parte". Se puder obtê-las preservando minha honra e fidelidade e grandeza de espírito, mostre-me o caminho e eu as conquistarei; mas se você estiver me pedindo que eu abdique do meu próprio bem para que você possa obter algo que não é bom, perceba como você é injusto e tolo. Além disso, o que você prefere, dinheiro ou um amigo leal e honrado? Ajude-me, pois, a obter esse caráter em vez de me pedir que eu faça aquelas coisas pelas quais eu posso perdê-lo. Bem, mas meu país, diz você, no que depender de mim, ficará desamparado. Aqui, mais uma vez, que ajuda é essa a que você se refere? Não terá, pela sua ajuda, pórticos nem banhos públicos". E o que isso significa? Ora, o ferreiro não fabrica sapatos, nem o sapateiro não fabrica armas. É suficiente que cada um execute plenamente suas próprias funções. E se você fornecesse para seu país outro cidadão honrado e leal, ele não lhe seria útil? Sim. Portanto, nem você tampouco é inútil para ele. "Que lugar, então", você diz, "deve ser minha propriedade?" O que quer que você consiga manter preservando sua lealdade e honra.

Mas se, ao desejar ser útil, você as perder, qual sua utilidade para seu país quando você se tornar um infiel desprovido de vergonha?

25

Então nada tens no lugar do repasto? Com certeza! Não terás que elogiar quem não queres, nem aturar os que estão diante da porta dele. Alguém tem preferência sobre você numa festa, ou em merecer mais elogios, ou em ser consultado? Se essas coisas são boas, você tem de ficar feliz por essa pessoa que as obteve; se elas são más, não sofra por não as ter conseguido. E lembre que você não pode, sem usar os mesmos meios [que os outros usam] para adquirirem coisas que não estão sob nosso próprio controle, esperar ser considerado digno de uma porção igual a delas. Por que, como pode alguém que não bate à porta de algum [grande] homem, que não o assiste, que não o elogia, ter uma parte igual à daquele que o faz? Você é injusto, pois, e insaciável, se você não estiver disposto a pagar o preço pelo qual essas coisas são vendidas, e quer obtê-las por nada. Por quanto são vendidas as alfaces? Meio centavo, por exemplo. Se outro, então, pagando meio centavo, compra as alfaces, e você, sem pagar por elas, fica sem elas, não imagine que o outro levou vantagem sobre você. Pois, assim como ele tem as alfaces, você tem o meio centavo que não pagou. Assim, nesse caso, você não foi convidado para o banquete de tal pessoa, porque você não lhe pagou o preço pelo qual uma refeição é vendida. Ela é vendida por um elogio, por um obséquio. Dê-lhe, então, quanto vale, se isso lhe for vantajoso. Mas se, ao mesmo tempo, você não pagar por um e ainda assim receber o outro, você é insaciável e um estúpido. Você não tem nada, então, exceto a refeição? Sim, de fato, você tem; o não elogiar aquele a quem você não gosta de elogiar; o não suportar o comportamento dele na chegada.

26

A vontade da natureza pode ser aprendida a partir das coisas em que não diferimos uns dos outros. Por exemplo, quando o empregado do nosso vizinho quebra um copo, ou algo parecido, estamos, nesse momento, prontos a dizer que "Essas são coisas que acontecem". Certifique-se, pois, de que, quando seu próprio copo for quebrado, terá em você o mesmo efeito quando o copo do outro foi quebrado. Transfira isso para coisas maiores. O filho ou a mulher de outro morreu? Ninguém jamais diria "Essa é uma casualidade humana". Mas se, por acaso, morre o próprio filho de uma pessoa, logo é dito: "Ai de mim, quão infeliz sou!" Mas devemos lembrar como somos afetados por ouvir a mesma coisa ditas a respeito de outras pessoas.

27

Assim como uma marca não é criada com objetivo de se errar o alvo, da mesma forma a natureza do mal não existe no mundo.

28

Se alguém entregasse seu corpo ao primeiro que encontrasse pelo caminho, você certamente ficaria com raiva. E você não sente vergonha em entregar sua própria mente para ficar perturbado e confundido por qualquer um que, por acaso, o ofenda?

29

Em tudo, pense no que acontece antes e depois, e então aja. Senão, você começa animado, mas, sem ter pensado nas consequências, quando algumas delas aparecerem, vergonhosamente você desistirá. "Eu venceria nos Jogos Olímpicos". Mas pense no que vem antes e depois, e daí, se você achar melhor, envolva-se e aja. Você precisa seguir as regras, submeter-se a uma dieta, abster-se de guloseimas, exercitar seu corpo, querendo ou não, em uma hora determinada, no calor e no frio; você deve não beber água gelada, às vezes, nem vinho. Em suma, você deve submeter-se ao seu mestre, assim como a um médico. Daí, em combate, você pode ser jogado numa vala, deslocar seu braço, torcer o tornozelo, engolir poeira, ser chicoteado e, por fim, perder a vitória. Depois de ponderar sobre tudo isso, se você ainda se mantiver determinado, comece o combate. Do contrário, perceba, vocês terão se comportado como crianças, que às vezes brincam de lutar, às vezes de gladiadores; às vezes tocam o trompete e às vezes representam uma tragédia, quando acontece de eles terem visto e admirado essas peças. Assim, você será numa hora lutador, noutra, gladiador, aqui, filósofo, lá, orador; mas, de toda a sua alma, você não será absolutamente nada. Como um macaco, você imita tudo o que vê, uma coisa após a outra, com certeza, vai agradá-lo, mas você perde o interesse assim que as conhece melhor. Porque você nunca entrou em nada propositadamente, nem depois de ter analisado a questão por todos os lados, ou ter feito um exame minucioso dele, mas precipitadamente e com frieza. Assim, alguns, ao se depararem com um filósofo ou ouvirem um homem falar como Eufrates (se bem que quem fala como ele?), desejam tornar-se filósofos também. Homem, primeiro reflita sobre a questão e sobre o que sua própria natureza é capaz de aguentar. Se você quer ser lutador, pense em seus ombros, costas, coxas; porque pessoas diferentes são feitas para coisas diferentes. Você acha que pode agir como age e ainda ser um filósofo? Que você pode comer e beber e ficar com raiva e descontente como agora? Você deve vigiar, deve trabalhar, deve obter o melhor de certos apetites, deve abandonar seus conhecidos, ser desprezado por seu servo, ser ridicularizado por aqueles que você encontra; sair-se pior do que os outros em tudo, na magistratura, nas honrarias, nas cortes de justiça. Quando você tiver considerado todas essas coisas ao redor, considere, por gentileza, se, ao se separar delas, você pretende obter placidez, liberdade e tranquilidade. Caso contrário, não venha para cá; não seja como crianças, um filósofo, depois um publicano, depois um orador e depois um dos oficiais de César. Essas coisas não são consistentes. Você deve ser um homem, bom ou mau. Você deve cultivar sua própria faculdade de governo e exterioridade e aplicar-se às coisas dentro e fora de você; isto é, ser ou um filósofo ou um homem comum.

30

Os deveres são universalmente medidos por relações. Alguém tem um pai? Nisso estão implícitos, como deveres, cuidar dele, submeter-se a ele em todas as coisas, receber pacientemente suas repreensões, seus castigos. Mas ele é um mau pai. Sua relação natural, então, é com um bom pai? Não; mas com um pai. É um irmão injusto? Bem, proteja-se dele. Não considere o que ele faz, mas o que você tem de fazer para manter sua faculdade de escolha em um estado adequado de espírito. Porque ninguém vai machucá-lo, a não ser que você queira. Você ficará magoado quando pensar que está magoado. Dessa forma, pois, você encontrará, na ideia de um vizinho, um cidadão, um general, os deveres correspondentes se você se habituar a contemplar as várias relações.

31

Esteja certo de que a qualidade essencial da devoção para com os deuses é formar opiniões corretas a respeito deles, que existem e governam o universo com bondade e justiça. E apegue-se a essa decisão, para obedecê-los e a submeter-se a eles e a voluntariamente segui-los em todas as situações, segundo o conhecimento mais perfeito. Pois, assim, você nunca encontrará defeitos nos deuses nem os acusará de negligenciarem você. E não é possível que isso seja realizado de outra forma senão afastando-se das coisas que não estão em nosso próprio poder e depositando o bem e o mal apenas nas coisas que existem. Porque, se você supõe que as coisas que não estão em nosso próprio poder são boas ou más, quando estiver desapontado com o que deseja ou incorrendo no que deseja evitar, você deve necessariamente criticar e culpar os autores. Pois todo animal é naturalmente formado para fugir ou abominar as coisas que parecem nocivas e as causas delas; e buscar e admirar as coisas que parecem benéficas e as causas delas. É impraticável, pois, que aquele que se supõe ferido se regozije na pessoa que, pensa ele, o fere, assim como é impossível se alegrar com o mal em si. Assim, também, um pai é ofendido pelo filho quando este não lhe dá as coisas que ele considera boas; e o supor que um império é um bem tornou Polinices e Etéocles[10] inimigos. Por isso, o lavrador, o marinheiro, o comerciante, por isso aqueles que perderam as esposas e filhos ofendem os deuses. Pois onde está o interesse, aí também está a piedade. Assim, quem quer que seja cuidadoso em regular seus desejos e repulsas tal como deve, é, da mesma forma, cuidadoso com a piedade. Mas também compete a cada um oferecer libações e sacrifícios das primícias, de acordo com os costumes do seu país, com pureza, e não de maneira desleixada, nem negligente, nem ocasional, nem além de sua capacidade.

32

Quando você recorrer à adivinhação, lembre-se de que você não sabe o que acontecerá, mas que você ficará sabendo pelo adivinho; mas você sabe qual é a natureza do acontecimento, ao menos se você for um filósofo. Porque se o acontecimento estiver entre as coisas que não estão sob o nosso controle, ele não pode, de forma alguma, ser nem bom nem mau. Portanto, não traga com você o desejo ou a repulsa até o adivinho (do contrário você se aproximará dele temeroso), mas primeiro adquira um conhecimento distinto de que todo acontecimento é indiferente e nada para você, seja lá de que tipo for, pois estará em seu poder fazer um uso correto dele, e isso ninguém pode impedir; depois, aproxime-se com confiança dos deuses como seus conselheiros e, depois de receber os conselhos, lembre quais você acatará e quais estará negligenciando se os desobedecer. Recorra à adivinhação, como Sócrates prescreveu, em casos em que a toda a apreciação está relacionada ao acontecimento, e nos quais a razão, ou qualquer outra arte, não cria nenhuma oportunidade para que se possa conhecer o assunto. Quando, pois, for nosso dever dar a saber sobre o perigo a um amigo ou sobre nosso país, não devemos consultar o oráculo para sabermos se compartilhamos ou não a informação com eles. Porque, caso o adivinho deva prever maus presságios, isso significa simplesmente que a morte ou mutilação ou exílio são o próprio presságio. Mas

---

[10] Polinices, na mitologia helênica, é o último filho do rei Édipo, concebido com sua própria mãe, Jocasta. Etéocles era o irmão de Polinices, com quem disputara o trono de seu pai. (N. E.)

temos a capacidade de racionar dentro de nós, e ela diz, mesmo diante desses perigos, para apoiarmos nosso amigo e nosso país. Recorra, pois, ao grande adivinho, o deus pítico, que expulsou do templo a pessoa que não ajudou o amigo quando outro o estava matando.

33

Crie imediatamente mesmo um caráter e um padrão [de comportamento] para si próprio, que você possa preservar sozinho ou acompanhado.

Na maior parte do tempo, fique em silêncio ou fale apenas o necessário, e em poucas palavras. Podemos, por vezes, embora com moderação, entrar no debate, quando a situação assim exigir, mas não sobre os temas comuns: gladiadores, corridas de cavalos, corridas, campeões de atletismo, banquetes, ou temas vulgares de conversas; mas principalmente não sobre homens, seja para culpá-los, elogiá-los ou fazer comparações. Se você for capaz, pois, conduza a sua própria conversa, trazendo os que estão na sua companhia para o que é conveniente; mas, se você se encontrar entre estranhos, fique em silêncio.

Que sua risada não seja exagerada e, em muitas ocasiões, descontrolada.

Evite os xingamentos, se possível, completamente; se não, o máximo que puder.

Evite diversões vulgares e públicas; mas, se, em algum momento, você for chamado para ir a uma delas, mantenha-se atento ao exagero, para que você não acabe caindo imperceptivelmente na vulgaridade. Pois saiba que, se uma pessoa é sempre pura para consigo mesma, mas, se sua companhia se deixa infectar pela vulgaridade, aquele que a acompanha também sai infectado.

Providencie as coisas referentes ao corpo, obtenha-as não além do necessário para o uso; como carne, bebida, habitação e família. Mas interrompa e rejeite tudo o que for ostentação e luxo.

Tanto quanto possível, antes do casamento, preserve-se puro dos encontros com as mulheres, e, se ceder a elas, que tais encontros sejam legítimos. Mas não se incomode nem repreenda aqueles que cedem a essas liberdades, e tampouco frequentemente se vanglorie de você mesmo não ceder a elas.

Se alguém lhe diz que uma pessoa fala mal de você, não dê desculpas pelo que é dito de você, mas responda: "Ele não conhece meus outros defeitos, senão não teria mencionado apenas esses".

Não é necessário que você com frequência compareça a espetáculos públicos; mas se, alguma vez, houver um motivo apropriado para você estar lá, não demonstre mais preocupação com os outros do que com você mesmo; isto é, deseje que as coisas sejam apenas como elas são, e que vença apenas quem é o vencedor, pois assim você não encontrará nenhum obstáculo. Mas abstenha-se completamente de gritos, escárnio e emoções violentas. E, quando você se afastar, não debata demais sobre o que se passou e o que não contribui para seu próprio aperfeiçoamento. Porque pareceria, por tal debate, que você se deixou abater pelo espetáculo.

Não vá [por conta própria] a ensaios de quaisquer [autores], tampouco apareça [neles] prontamente. Mas, se aparecer, preserve sua seriedade e equilíbrio e, ao mesmo tempo, evite ser rabugento.

Quando você se encontrar com alguém, sobretudo com aqueles em posições superiores, imagine como Sócrates ou Zenão agiriam nessa situação e a você não faltarão meios de agir adequadamente em qualquer situação.

Quando você for procurar por qualquer autoridade, aja como se não fosse encontrá-la em casa; como se você não fosse ser recebido; como se as portas não fossem se abrir para você; como se ele não fosse tomar conhecimento de você. Se, ainda assim, for seu dever encontrá-lo, suporte o que quer que aconteça e nunca diga [a si mesmo]: "Não valeu tanto a pena". Porque isso é vulgar, como um homem que se deixa abalar pelas circunstâncias.

Nas conversas, evite mencionar excessiva e frequentemente seus atos e os perigos que você enfrentou. Porque, ainda que você considere agradável mencionar os riscos que correu, os outros talvez não considerem agradável ouvir suas aventuras. Evite, da mesma forma, tentar fazer com que as pessoas riam. Porque isso é algo perigoso, que pode fazê-lo adotar maneiras vulgares; e, além do mais, possa diminuir a estima que outros tenham por você. A tentativa de entrar em debates indecorosos também é perigosa. Sempre, pois, que algo assim acontecer, se houver oportunidade adequada, repreenda quem age dessa maneira; ou, pelo menos, usando do silêncio, do rubor e do olhar de repreensão, mostre seu desagrado com tal conversa.

34

Se você se deparar com o que parece ser um prazer prometido, evite lançar-se a ele; mas deixe o assunto esperar o seu tempo e dê um tempo para si. Depois, lembre-se dos dois momentos: aquele em que você desfrutará do prazer e aquele em que você se arrepende e se repreende por tê-lo desfrutado; e coloque diante de você, em oposição a estes, como você se regozijará e se aplaudirá se você se abster. E mesmo que isso lhe pareça uma gratificação oportuna, cuide para que essa força sedutora, e agradável, e atraente não o domine; mas, por outro lado, é muito melhor a sensação de estar consciente de ter obtido uma enorme vitória.

35

Quando você faz qualquer coisa a partir de um julgamento claro de que algo deve ser feito, jamais evite ser visto fazendo isso, mesmo que o mundo faça uma suposição errada a esse respeito, porque, se você não agir corretamente, evite a ação em si; mas, se você agir, por que teme aqueles que o censuram equivocadamente?

36

Como a proposição Ou "é dia" ou "é noite" é extremamente apropriada para um argumento disjuntivo, mas bastante imprópria para um conjuntivo, então, num banquete, escolher a porção mais abundante combina com o apetite do corpo, mas é totalmente inconsistente com o espírito social do evento. Quando você come na companhia de outros, pois, lembre-se não apenas do valor das coisas que colocam diante do seu corpo como também do valor do comportamento que será observado pelo anfitrião.

37

Se você assumiu qualquer função que está além da sua força, você tanto passou uma imagem negativa quanto abandonou aquela que você poderia ter sustentado.

38

Assim como ao caminhar, você toma cuidado para não pisar num prego ou não torcer o pé, da mesma forma, cuide para não ferir a faculdade que governa sua mente. E, se tivéssemos que nos precaver contra isso em cada ação, deveríamos realizar a ação com maior segurança.

39

O corpo é, para cada um, a medida das suas posses, assim como o pé é para o sapato. Se, portanto, você se firmar nisso, guardará a medida; mas se você for além, deve necessariamente cair num abismo; como no caso de um sapato, se você for além do tamanho adequado para o pé, ele primeiro adquire um tom dourado, depois roxo, e depois fica cravejado de joias. Porque, uma vez que se excede a medida devida, não encontra limites.

40

Mulheres, a partir dos quatorze anos, gostam de ser chamadas de "amantes" pelos homens. Portanto, percebendo que elas são consideradas qualificadas apenas para dar prazer aos homens, elas começam a enfeitar-se, e nisso depositam suas esperanças. Vale a pena, portanto, garantir que elas saibam que não são estimadas exceto pela aparência de um comportamento decente, modesto e discreto.

41

É sinal de incapacidade investir muito tempo com as coisas relacionadas ao corpo, assim como se demorar em exercícios, em comer e em beber, em aliviar-se e no desempenho de outras funções animais. Essas coisas devem ser feitas ao acaso e com parcimônia, e toda a nossa atenção deve estar voltada para o cuidado do entendimento.

42

Quando alguém lhe fizer mal ou falar mal de você, lembre-se de que ele age sob a suposição de que esse é seu dever. Ora, não é possível que ele faça o que parece certo para você, exceto o que assim parece certo a ele. Portanto, se ele julga partindo de uma aparência errada, ele é quem sai prejudicado, visto que também é a pessoa enganada. Porque, se alguém considera possível supor uma proposição verdadeira ser falsa, a proposição não sai prejudicada, mas aquele que saiu enganado a respeito dela. Partindo, portanto, desses princípios, você suportará mansamente a pessoa que o ofende, porque em todas as situações você dirá "É assim que lhe parece".

43

Tudo tem duas alças: uma pela qual algo pode ser carregado e a outra pela qual não pode. Se seu irmão agir injustamente, não veja a atitude pelo lado da injustiça que ele praticou, porque, dessa forma, ela se torna insuportável; ao contrário, antes, veja pelo lado que ele é seu irmão, que foi criado com você; e, assim, você tomará posse dela tal como ela é, como algo suportável.

44

Os raciocínios são desconexos: "Sou mais rico do que você, portanto, sou melhor"; "Sou mais eloquente do que você, portanto, sou melhor". A conexão, na verdade, é esta: "Sou mais rico do que você, logo, minha propriedade é maior do que a sua"; "Sou mais eloquente do que você, portanto, meu estilo é melhor do que o seu". Mas você, no final das contas, não é nem propriedade nem estilo.

45

Alguém se banha apressadamente? Não diga que ele não sabe se banhar, apenas que tomou banho rápido demais. Alguém bebe vinho em demasia? Não diga que ele fez mal, mas que ele bebeu demais. Porque, a não ser que você compreenda perfeitamente o princípio [de acordo com o qual a pessoa age], como você pode saber se ele agiu mal? Assim, você não correrá o risco de concordar com a aparência, mas pelo que compreende em sua totalidade.

46

Nunca se chame de filósofo nem fale muito entre os pouco esclarecidos sobre teoremas; mas aja de acordo com a filosofia. Assim, numa festa, não diga como as pessoas devem comer, mas coma como se deve. Lembre-se de que, dessa forma, Sócrates também evitou universalmente toda ostentação. E, quando as pessoas se aproximavam dele e pediam que ele as recomendasse a filósofos, ele aceitava e as recomendava, aceitando sem problemas ser negligenciado. Assim, se os pouco esclarecidos começarem a conversar sobre teoremas filosóficos, fique, na maior parte do tempo, em silêncio. Porque é muito perigoso regurgitar o que você acabou de digerir. E, se alguém lhe disser que você não sabe nada, e isso não o provoca, então tenha certeza de que você está agindo certo. Porque as ovelhas não vomitam o pasto para mostrar ao pastor o quanto comeram; e, digerindo internamente a comida, elas externamente produzem leite e lã. Assim, portanto, você, da mesma forma, não exponha seus teoremas aos pouco esclarecidos, mas sim as ações oriundas deles depois de terem sido digeridos.

47

Depois de ter saciado as necessidades de seu corpo sem gastar muito para tanto, não se vanglorie disso; tampouco, se você bebe água, diga "eu bebo água" o tempo todo. Mas antes considere quão mais modestos e pacientes os pobres são diante das dificuldades. Mas, se em algum momento você quiser se habituar ao exercício para trabalhar, suportando duras provações, faça-o por si mesmo, e não pelo mundo; não abrace estátuas, e, se sentir sede, coloque um pouco de água gelada na boca, cuspa, e não conte a ninguém.

48

A condição e característica de uma pessoa vulgar é que ela jamais espera benefício ou dano de si mesma, mas das coisas externas. A condição e característica de um filósofo é que ele espera todas as mágoas e benefícios de si mesmo. As marcas de um proficiente são que ele não censura ninguém, não elogia ninguém, não culpa ninguém, não acusa ninguém, não diz nada sobre si mesmo como sendo alguém ou sabendo alguma coisa: quando, em determinada situação, ele se é impedido ou limitado, ele acusa a si mesmo; e, se é elogiado, ele secretamente ri da pessoa que o elogia; e, se é censurado, ele não se defende. Mas, com cautela, ele se aproxima dos convalescentes [depois de uma doença ou acidente], temendo mover qualquer coisa que esteja perfeitamente restabelecida. Ele suprime todo desejo para si mesmo; ele transfere sua repulsa somente para as coisas que impedem o uso adequado da nossa própria faculdade de escolha; o exercício dos seus poderes ativos, para qualquer coisa, é muito gentil; se ele parece estúpido ou ignorante, ele não se importa e, em resumo, ele se vigia como um inimigo, e um inimigo em uma emboscada.

49

Quando alguém se mostrar vaidoso por ser capaz de compreender e interpretar as obras de Crisipo (280–208 a.C.), diga a si mesmo: "A não ser que Crisipo tenha escrito de uma forma obscura, essa pessoa não tem motivo para sua vaidade. Mas o que eu desejo? Compreender e seguir a natureza. Pergunto, então, quem a interpreta, e, em descobrindo que Crisipo o faz, tenho que recorrer a ele. Não entendo seus textos. Busco, portanto, alguém para interpretá-los". Até então, não tenho nada por que me envaidecer. E, quando encontro um intérprete, o que me resta é seguir suas instruções. Isso por si só já é valioso. Mas, se não admiro nada além da interpretação, no que me transformo senão num gramático, em vez de num filósofo? Exceto, de fato, em vez de Homero, eu interpreto Crisipo. Quando, pois, alguém diz que quer que eu leia Crisipo para ele, prefiro corar ao ser incapaz de demonstrar que minhas ações são semelhantes e condizentes com o discurso dele.

50

Sejam quais forem as regras que você deliberadamente criou para si mesmo [como forma de viver a vida], cumpra-as como se cumprem as tantas leis, e como se você fosse considerado culpado de impiedade ao transgredir qualquer uma delas, e não leve em conta o que alguém disser sobre você, afinal, não é da sua conta. Por quanto tempo, pois, você vai protelar considerar-se digno dos aperfeiçoamentos mais nobres e, em nenhum caso, transgredir as distinções da razão? Você recebeu os teoremas filosóficos com os quais você deve estar familiarizado, e você está familiarizado com eles. Que outro mestre, pois, você aguarda para lançar sobre a demora que impede você de reformar-se? Você não é mais um menino, mas um homem adulto. Se, portanto, você for negligente e preguiçoso, e sempre adicionar procrastinação à procrastinação, vivendo um dia após o outro em que você vai cuidar de si mesmo, você, sem perceber, continuará sem conhecimento e, vivendo e morrendo, perseverando em ser um dos vulgares. Nesse instante, então, considere-se digno de viver como um homem adulto, e um adulto proficiente.

Que tudo o que parece ser o melhor, que seja para você uma lei inviolável. E se alguma circunstância de dor ou prazer, ou glória ou desgraça for colocada diante de você, lembre-se de que agora é o combate, agora vem a Olímpica, não pode ser adiada; e que, e uma vez sendo derrotado ou cedendo, a proficiência é perdida ou [ao contrário] preservada. Desse modo, Sócrates se tornou perfeito, aperfeiçoando-se em tudo, obedecendo apenas à razão. E, embora você não seja um Sócrates, você deve, entretanto, viver como alguém desejoso de se tornar um Sócrates.

51

O primeiro e mais necessário tópico em filosofia é o uso [prático] de teoremas, como "Não devemos mentir"; o segundo tópico mais importante é a demonstração, como em "por que não devemos mentir?"; e terceiro tópico é aquele que dá força e articulação aos dois anteriores, como "Em que isso é uma demonstração? Afinal, o que é uma demonstração? O que é consequência? O que é contradição? O que é a verdade? O que é a falsidade?" O terceiro tópico, pois, é necessário à compreensão do segundo, e o segundo, à do primeiro. Mas o mais necessário, e sobre o qual devemos nos basear, é o primeiro. Mas agimos justamente ao contrário. Porque gastamos todo o nosso tempo no terceiro tópico e empregamos todas as nossas forças nele, negligenciando completamente o primeiro. Portanto, ao mesmo tempo em que mentimos, estamos preparados para mostrar como se demonstra que mentir não é certo.

52

Em toas as ocasiões, tenha essas máximas à mão:

Conduza-me, Zeus, e também tu, ó Destino,
Aos cargos que me foram designados,
E alegremente obedecerei, e, se não,
Arrasado e mau ainda assim os seguirei.

"Quem quer que se sujeite ao Destino é considerado Sábio entre os homens e conhece as leis celestiais".

E esta terceira: "Ó Críton, se assim agrada aos deuses, que assim o seja. Ânito e Meleto[11] podem até me matar, mas me ofender eles não podem".

---

[11] Promotores no julgamento que levou à morte do filósofo Sócrates. (N. E.)

MARCO AURÉLIO

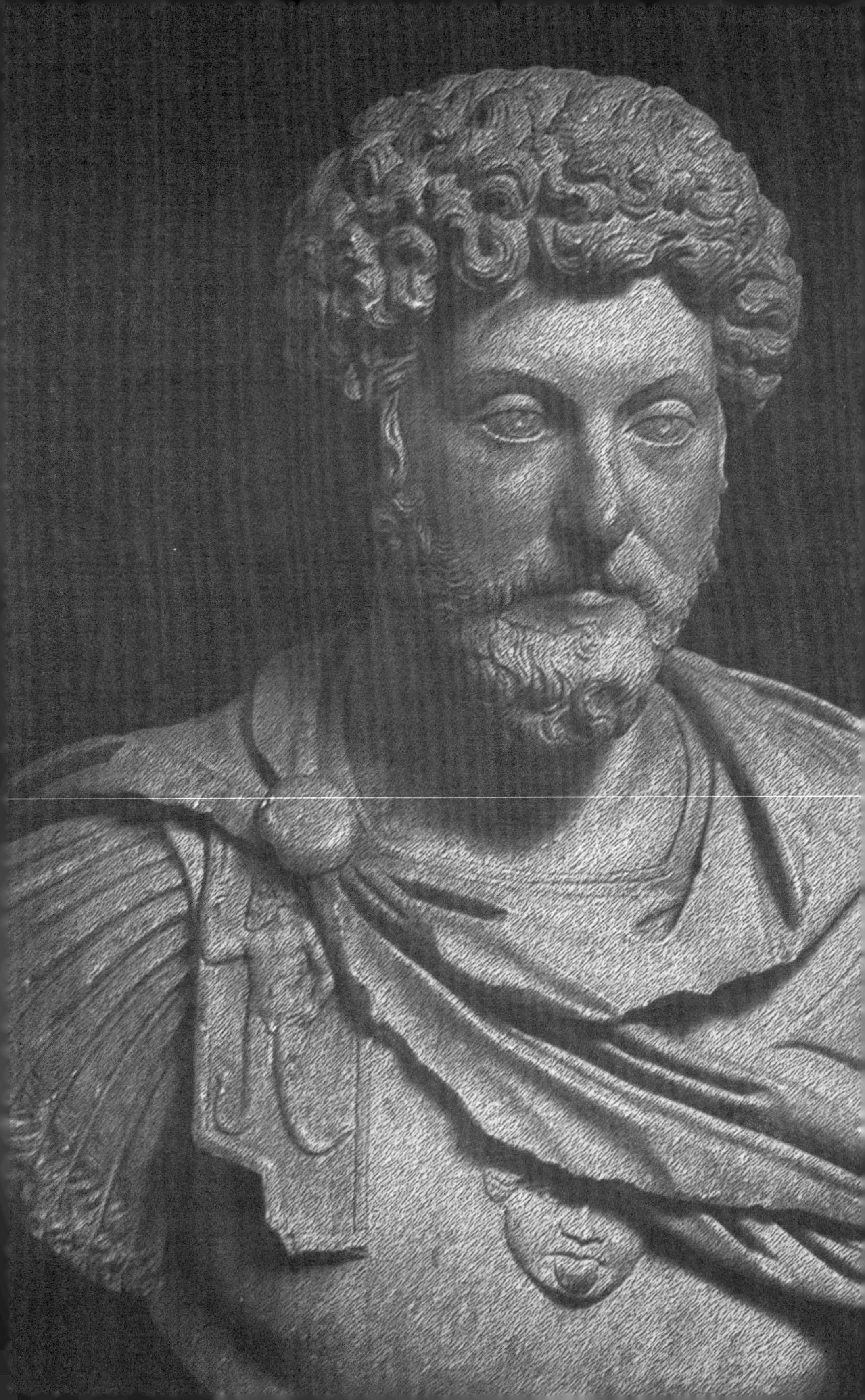

MARCO AURÉLIO
MEDITAÇÕES

Livro I

1

De meu avô, Vero, aprendi a boa moral e a como governar meu temperamento.

2

Da reputação e da memória de meu pai, a modéstia e um caráter viril.

3

Em meu pai, observei mansidão de temperamento e uma resolução imutável a respeito das coisas que ele havia determinado depois da devida deliberação; e nenhuma vanglória nas coisas que os homens chamam de honras;

um amor pelo trabalho e pela perseverança; e uma prontidão a ouvir todos os que tinham algo a propor para o bem comum; uma firmeza inabalável em dar a cada homem de acordo com seus méritos; e um conhecimento derivado da experiência das ocasiões para agir com vigor e para agir com compaixão. Observei que ele havia superado todas as suas paixões por alegrias; e que não se considerava mais do que qualquer outro cidadão, e que dispensou seus amigos de qualquer obrigação de jantar com ele, ou de acompanhá-lo quando viajava ao exterior, e aqueles que não conseguiam acompanhá-lo, devido a quaisquer circunstâncias urgentes, sempre encontravam nele a mesma pessoa. Observei também seu hábito de investigar cuidadosamente tudo o que diz respeito a todo tipo de deliberação, e por essa persistência, que ele nunca parou com suas investigações por estar satisfeito com a primeira aparência das coisas; e que sua disposição era a de manter seus amigos, e não de rapidamente se cansar deles, nem de ser excessivamente extravagante em seus afetos; e estar sempre satisfeito em todas as ocasiões, e alegre; e prever as coisas a uma grande distância, e prover para os menores sem se exibir; e coibir imediatamente aplausos e bajulações populares; e estar sempre atento às coisas necessárias à administração do império; e ser um bom administrador dos gastos, e suportar pacientemente a culpa a ele imputada por tal conduta. Não era nem supersticioso com respeito aos deuses nem tentava cortejar os homens com presentes ou agradando-os, ou bajulando o populacho; em vez disso, ele demonstrou sobriedade em todas as coisas e firmeza, sem jamais incorrer em atos ou pensamentos mesquinhos, nem amor pela novidade.

 As coisas que, de alguma forma, conduzem à matéria-prima da vida, e das quais a fortuna fornece uma provisão abundante, ele desfrutou sem arrogância e sem se desculpar, de maneira que, quando as tinha, desfrutava delas sem qualquer afetação, e, quando não as tinha, não as queria. Ninguém jamais pôde chamá-lo de sofista, de escravo petulante de seu país ou de pedante; mas, ao contrário, todos o reconheciam como um homem maduro, perfeito, acima de qualquer bajulação, capaz de administrar tanto seus próprios assuntos quanto os dos outros homens. Além disso, honrava aqueles que eram verdadeiros filósofos, e não repreendia aqueles que se fingiam de filósofos, nem mesmo foi facilmente guiado por eles. Também era afável durante a conversa e fazia-se agradável sem qualquer tipo de afetação ofensiva.

Ele cuidava da saúde do seu corpo dentro dos limites da razão, não como alguém muito apegado à vida, nem por dar importância demais à sua aparência pessoal, nem de modo desleixado, mas de modo que, através dos seus próprios cuidados, muito raramente tivesse necessidade da destreza de algum médico, da medicina ou de aplicações externas.

Estava sempre pronto a ceder sem inveja àqueles que possuíam alguma faculdade particular, como a da eloquência ou do conhecimento da lei ou da moral, ou de qualquer outra coisa; e ele lhes deu sua ajuda, para que cada um deles pudesse gozar da reputação de acordo com seus méritos; e ele sempre agia em conformidade com as instituições do seu país, sem demonstrar qualquer afetação ao fazê-lo.

Não havia nele nada de ríspido, nem implacável, nem violento, nem, como se pode dizer, sequer qualquer atitude levada às últimas consequências; pelo contrário, ele examinava tudo individualmente, como se ele tivesse uma abundância de tempo, e sem confusão, de modo ordeiro, vigoroso e consistente. E isso pode ser aplicado àquele o que está registrado sobre Sócrates: que ele era capaz tanto de se abster quanto de desfrutar das coisas de que muitos são fracos demais para se abster, e de que não conseguem desfrutar sem excesso. Mas ser forte para conseguir suportar uma coisa e ser sóbrio na outra é a marca de um homem que tem uma alma perfeita e invencível.

Livro II

1

Logo pela manhã, diga a si mesmo: hoje terei que lidar com algum homem curioso e ocioso, com um homem mal-agradecido, com um homem difamador, um homem astuto, falso ou invejoso; um homem insociável, pouco caridoso. Todas essas más qualidades chegaram a eles por ignorância do que é verdadeiramente bom e verdadeiramente mau. Mas eu, que compreendo a natureza daquilo que é bom, que só deve ser desejado, e daquilo que é mau, que somente é verdadeiramente odioso e vergonhoso; quem sabe, além disso, que este transgressor, seja quem for, é meu parente, não pelo mesmo sangue e semente, mas por partilhar do mesmo raciocínio e da mesma partícula divina. Como eu poderia ser prejudicado por qualquer um deles, uma vez que não está em seu poder me fazer incorrer em qualquer coisa que seja verdadeiramente reprovável, ou zangado, e direcionando minha cólera a eles, que, por natureza, são tão próximos a mim? Pois todos nascemos para a cooperação mútua, assim como os pés, as mãos, as pálpebras; assim como as fileiras de dentes superiores e inferiores; portanto, estar em oposição é contra a natureza; e o que significa exasperar-se e ter aversão, senão estar em oposição?

2

O que quer que seja isso que sou, não passa de um pouco de carne, de respiração e a parte governante. Jogue fora seus livros; não mais se distraia; não é permitido; mas, como se estivesses morrendo, despreza a carne; ela não passa de sangue, ossos e uma rede, um entrelaçar de nervos, veias e artérias. Veja também a respiração, que tipo de coisa ela é: ar, e nem sempre o mesmo, mas a cada momento expirado e inspirado. A terceira, então, é a parte governante. Considere isto: você é um homem velho; não seja mais um escravo, não se deixe ser manipulado por cordas como um fantoche para movimentos antissociais, não mais fique insatisfeito com a sua sorte atual, nem recue diante do futuro.

3

Lembre-se de há quanto tempo você tem protelado essas coisas e de quantas vezes você recebeu dos deuses uma oportunidade, mas não a usou. Você deve agora perceber finalmente a qual universo pertence e de qual administrador desse universo sua existência é uma emanação; e que há um limite de tempo fixado para você, e que, caso você não o use para limpar as nuvens de sua mente, ele se irá, juntamente com você, para nunca mais voltar.

4

A cada momento, pense firmemente como um romano e um homem para fazer o que você tem em suas mãos com uma dignidade perfeita e simples, e com um sentimento de afeto, liberdade e justiça, e para livrar-se de todos os outros pensamentos. E você estará dando a si mesmo alívio se praticar cada ato de sua vida como se fosse o último, excluindo todo o descuido e a aversão apaixonada dos comandos da razão, assim como toda a hipocrisia, amor-próprio e descontentamento com o quinhão que lhe foi dado. Veja como são poucas as coisas com que um homem, caso ele consiga se apossar delas, é capaz de viver uma vida que flui em tranquilidade, semelhante à existência dos deuses; pois os deuses, de sua parte, nada exigirão daquele que observar essas coisas.

5

As coisas externas que recaem sobre você o distraem? Dê a si mesmo tempo para aprender algo de novo e bom, e pare de enrolar. Mas, então, você também deve evitar ser levado na direção contrária; pois são também frívolos aqueles que se cansaram na vida por conta de suas atividades, e, ainda assim, não têm um objeto para o qual dirigir cada um de seus movimentos e, em resumo, todos os seus pensamentos.

6

Por não conseguir observar o que está na mente de outro homem, raramente se vê um homem infeliz; mas aqueles que não observam os movimentos de suas próprias mentes devem necessariamente ser infelizes.

7

Isto você deve sempre ter em mente: qual é a natureza do todo, e qual é a sua natureza, e como isso está relacionado com aquilo, e em que tipo de parte ela consiste e de qual tipo de todo; e que não existe pessoa alguma que o possa impedir de sempre fazer e dizer as coisas de acordo com a natureza da qual você faz parte.

8

Teofrasto (372-287 a.C.), em sua comparação de malfeitos — uma comparação como se faria de acordo com as noções comuns da humanidade — diz, como um verdadeiro filósofo, que as ofensas cometidas por desejo são mais condenáveis do que aquelas cometidas por ira. Pois aquele que se deixa levar pela ira parece afastar-se da razão com uma certa dor e retração inconsciente; mas aquele que ofende pelo desejo, estando dominado pelo prazer, parece agir de uma maneira mais destemperada e mais efeminada em suas ofensas. Com razão e de um modo digno da filosofia, ele disse que a ofensa cometida com prazer é mais condenável do que aquela cometida com dor; e, no geral, um é mais como uma pessoa que foi primeiro injustiçada e, por meio da dor, é levada à raiva, mas o outro é movido por seu próprio impulso de fazer o mal, sendo impelido a fazer algo por desejo.

9

Já que é possível que você possa partir da vida neste exato momento, controle cada ato e pensamento nesse sentido. Mas abandonar o convívio dos homens, se é que existem deuses, não é algo a temer, pois os deuses não haverão de o envolver em nenhum mal; mas, se, de fato, os deuses não existem, ou se não se preocupam com os assuntos humanos, que me importa viver num universo desprovido de deuses ou de providência? Mas, na verdade, se existem, e se importam com as questões humanas, colocariam à disposição do homem todos os meios para capacitá-lo a não cair em males reais. E, quanto ao resto, se houvesse algo de mal, eles teriam providenciado para isso também, que deveria estar totalmente nas mãos do homem não cair nisso. Agora, o que não torna um homem pior, como pode tornar a vida de um homem pior?

10

Ainda que você chegue a viver três mil anos, ou quem sabe dez mil vezes isso, tenha sempre em mente que nenhum homem perde outra vida além daquela que ele está vivendo agora, nem vive qualquer outra além da que ele agora está a perder. Estas duas coisas você deve ter mente: a primeira, que todas as coisas, desde a eternidade, têm formas semelhantes e vêm em ciclos, e que não faz diferença se um homem vê as mesmas coisas durante cem ou duzentos anos, ou por um período infinito. E a segunda, que aquele que vive mais e aquele que morre mais cedo perdem exatamente da mesma forma. Pois o presente é a única coisa da qual um homem pode ser privado, caso esta seja a única coisa que ele tenha, e homem algum pode perder aquilo que não tem.

11

A vida é uma guerra e a permanência temporária de um estrangeiro, e depois da fama póstuma, o esquecimento.

Livro III

1

Devemos considerar não apenas que nossa vida está diariamente se esvaindo e uma parte menor dela é deixada, mas outra coisa também deve ser levada em consideração: caso um homem deva viver por mais tempo, é bastante incerto se seu entendimento continuará suficiente para a compreensão das coisas e manter-se-á o poder de contemplação que se esforça para adquirir a sabedoria do divino e do humano. Devemos, portanto, apressar-nos, não só porque estamos diariamente mais próximos da morte como também porque a nossa concepção das coisas e nossa compreensão delas cessam por primeiro.

2

Não desperdice o restante de sua vida pensando sobre os outros quando você não orientar seus pensamentos a algum objeto de utilidade comum. Pois, ao dar atenção a tais pensamentos, você perde a oportunidade de fazer alguma outra coisa.

3

Não trabalhe de má vontade, nem sem se preocupar com o interesse comum, nem sem a devida consideração, nem com distração; tampouco seja um homem de muitas palavras, ou ocupado com coisas demais. Seja alegre também, e não procure ajuda externa nem a tranquilidade propiciada pelos outros. Um homem deve ficar aprumado, e não ser mantido de pé com a ajuda dos outros.

4

Se você encontrar na vida humana algo superior à justiça, à verdade, à temperança, à fortaleza, e, em suma, qualquer coisa superior à autossatisfação da sua própria mente nas coisas que ela permite que você faça de acordo com a razão correta e na condição que é atribuída a você sem a sua própria escolha; se, eu digo, você veja algo melhor do que isso, volte-se a isso com toda a sua alma e desfrute ao máximo daquilo que você descobriu ser melhor. Mas, se nada parecer melhor do que a divindade que está plantada dentro de você, que se sujeitou a todos os seus apetites, e, como disse Sócrates, dissociou-se das persuasões dos sentidos e submeteu-se aos deuses e às preocupações com a humanidade; se você achar que todo o resto é menor e vale menos do que isso, não dê espaço dentro de si para mais nada, pois, uma vez que você desviar sua atenção e inclinar-se a isso, você não mais será capaz de, sem distração, dar primazia àquilo que lhe é próprio e possessão própria.

5

Nunca valorize nada como proveitoso para si próprio que o obrigue a quebrar suas promessas, a perder o respeito próprio, a odiar qualquer homem, a desconfiar, amaldiçoar, a agir como um hipócrita, a desejar qualquer coisa que precise de paredes e cortinas.

6

Na mente daquele que é castigado e purificado, você não encontrará matéria corrupta nem impureza, nem qualquer ferida aberta. Tampouco sua vida será incompleta quando o destino o dominar, como se poderia dizer de um ator que sai do palco antes de terminar a peça. Além disso, não há nele nada de servil, nem de afetado, nem qualquer apego excessivo a determinadas coisas ou desapego a outras, nada digno de culpa, nada que busque um esconderijo.

7

Reverencie a faculdade que produz opinião. Dessa faculdade depende inteiramente se existirá em sua parte dominante qualquer opinião inconsistente com a natureza e a constituição do animal racional. E essa faculdade promete liberdade de julgamento precipitado, amizade com os homens e obediência aos deuses.

8

Desfazendo-se, portanto, de todas as coisas, apegue-se apenas a estas poucas; além disso, tenha em mente que todo homem vive apenas o tempo presente, que é um ponto indivisível, e que todo o resto da sua vida é passado ou é incerto. Curto, então, é o tempo que cada homem vive, e pequeno é o recanto da terra no qual ele vive; e curta também é a mais duradoura fama póstuma, e até mesmo esta será continuada por uma sucessão de pobres seres humanos que logo morrerão; e que não conhecem sequer a si próprios, quanto mais alguém que já morreu há muito tempo.

9

Nada contribui tanto para a elevação da mente do que ser capaz de examinar metódica e verdadeiramente cada objeto que nos é apresentado em nossa vida, e sempre olhar para as coisas a fim de, ao mesmo tempo, ver que tipo de universo é este, e que tipo de utilidade cada coisa tem nele, e que valor cada coisa tem em relação com o todo, e o que em relação com o homem, quem é um cidadão da mais excelsa cidade, da qual todas as outras cidades são como que famílias; o que cada coisa é, do que é feita, e por quanto tempo é natural que perdure esta coisa que agora me impressiona; e que virtude ela exigirá de mim: mansidão, virilidade, franqueza, fidelidade, simplicidade, contentamento, e assim por diante.

10

Se você trabalhar naquilo que se apresenta diante de si, seguindo com seriedade a razão correta, de maneira vigorosa e calma, sem se deixar distrair por qualquer outra coisa, mas mantendo pura aquela sua porção divina, como se você devesse devolvê-la imediatamente; se você se ativer a isso sem esperar nem temer nada, apenas sentindo a satisfação de exercer essa atividade atual conforme a natureza, e com a verdade heroica em cada palavra e som que proferir, você viverá feliz. E homem algum será capaz de impedir isso.

11

Assim como os médicos sempre têm seus instrumentos e objetos cortantes prontos para casos que subitamente requeiram sua habilidade, então, tenha sempre prontos os princípios para a compreensão das coisas divinas e humanas, e para fazer tudo, até mesmo o menor ato, lembrando do vínculo que une o divino e o humano. Pois você não fará bem nada que pertença ao mundo dos homens e que não tenha, ao mesmo tempo, alguma relação com as coisas divinas, e vice-versa.

12

Não se sabe quantas acepções podem existir para as palavras "roubar", "semear", "comprar", "aquietar-se", ou "ver o que deve ser feito"; pois essas coisas não são percebidas pelos olhos, mas por outro tipo de visão.

13

Corpo, alma, inteligência; ao corpo pertencem as sensações; os apetites, à alma; à inteligência, os princípios. Receber as impressões das formas por meio das aparências, até os animais são capazes; ser manipulado pelas cordas do desejo pertence tanto às feras selvagens quanto aos homens afeminados, a um Fálaris ou a um Nero; e ter a inteligência que guia para as coisas que parecem convenientes pertence também àqueles que não acreditam nos deuses, que traem seu país, ou que praticam suas ações impuras quando estão a portas fechadas. Se, portanto, tudo o mais é comum a tudo o que eu mencionei, resta o que é peculiar ao homem bom, a saber, ficar satisfeito e contente com o que acontece, e com o fio do destino que é tecido para ele; e não profanar a divindade que está plantada em seu peito, nem a perturbar com uma multidão de imagens, mas mantê-la tranquila, seguindo-a obedientemente, como a um deus, nem dizendo nada contrário à verdade, nem fazendo nada contrário à justiça. E se todos os homens se recusam a crer que ele leva uma vida simples, modesta e contente, ele não se zanga com nenhum deles, nem se desvia do caminho que leva ao fim da vida, ao qual um homem deve chegar puro, tranquilo, pronto para partir, e sem nenhuma compulsão, perfeitamente reconciliado com o seu destino.

Livro IV

1

Está em seu poder, sempre que assim escolher, retirar-se de si mesmo. Pois em lugar algum o homem pode encontrar mais tranquilidade ou se afastar mais dos problemas do que quando ele se retira em sua própria alma, especialmente quando ele tem dentro de si pensamentos tais que, só de contemplá-los, ele imediatamente fica em plena tranquilidade; e, afirmo, a tranquilidade nada mais é do que o bom ordenamento da mente.

2

A terra inteira não passa de um ponto, e quão pequeno é o canto nesta sua morada, e quão poucos o habitam, e que tipo de pessoas são aquelas que o louvarão. Resta, portanto, isto: lembre-se de se refugiar neste seu território próprio, e, acima de tudo, não se distraia ou se deixe exaurir, mas seja livre, e enxergue as coisas como um homem, como um ser humano, como um cidadão e como um mortal.

3

Todas essas coisas que você vê mudam instantaneamente e não mais existirão; tenha sempre em mente quantas dessas mudanças você já testemunhou. O universo é transformação; a vida, opinião.

4

A morte, tal como a criação, é um mistério da natureza; uma composição dos mesmos elementos e uma decomposição nos mesmos; e, em geral, em nada pode trazer qualquer tipo de vergonha a alguém, pois ela não é contrária à natureza de um animal racional, tampouco à razão da nossa constituição.

5

Retire a sua opinião, e então será retirada a reclamação: "Fui prejudicado". Retire a reclamação, "Fui prejudicado", e o dano será removido.

6

Tudo o que acontece, acontece com justiça, e, se você observar cuidadosamente, descobrirá que é assim. Não estou me referindo apenas à continuidade da série de coisas, mas a respeito do que é justo, e como se fosse feito por alguém que atribui a cada coisa seu valor.

7

Não adote as opiniões daquele que lhe fez mal, ou as que ele gostaria que você adotasse, mas examine-as como elas na verdade são.

8

Você tem razão? Tenho. Então por que não a usa? Pois se ela própria cumprir a sua função, do que mais você precisa?

9

Em dez dias você será considerado um deus por aqueles para quem você não passa de uma fera ou de um bruto, caso retorne a seus princípios e ao culto à razão.

10

Não aja como se fosse viver dez mil anos. A morte paira sobre você. Enquanto viver, e enquanto for possível, seja bom.

11

Quanta dificuldade evitar aquele que não tenta saber o que o próximo diz ou faz ou pensa, mas apenas para aquilo que ele próprio faz ou pensa, a fim de que isso seja justo ou puro; ou, como diz Agatão (448–400 a.C.), não olhe em volta, para a moral depravada dos outros, mas corra direito ao longo da linha, sem se desviar dela.

12

Tudo o que é, de alguma maneira, belo, é belo por si mesmo, e termina em si mesmo, não tendo o louvor como parte de si mesmo. Nada fica melhor ou pior por ser louvado. Digo o mesmo de tudo aquilo que é chamado de belo pelo vulgo, como coisas materiais e obras de arte. Aquilo que de fato é bonito não precisa de nada; não mais do que lei, do que verdade, do que benevolência ou modéstia. Qual dessas coisas é porque é elogiada, ou estragada por ser culpada? Uma esmeralda torna-se pior do que era se não for elogiada? Ou o ouro, o marfim, a púrpura, uma lira, um sabre, uma flor, um arbusto?

13

Se as almas continuam a existir, como o ar as contém desde a eternidade? Mas como a terra contém os corpos de todos aqueles que nela foram enterrados desde tempos imemoriais? Pois, como aqui, a mutação desses corpos, depois de um determinado período, qualquer que ele seja, e sua dissolução abrem espaço para outros cadáveres, também as almas que são removidas para o ar, depois de nele permanecerem por algum tempo, são transmutadas e difusas, e assumem uma natureza ardente ao serem recebidas na inteligência seminal do universo, e, dessa maneira, abrem espaço para as novas almas que vêm habitá-lo. E essa é a resposta que um homem pode dar na hipótese da continuidade da existência da alma.

14

Não se deixe enganar, mas, em cada movimento, respeite a justiça e, diante de cada impressão, mantenha a faculdade de compreensão e entendimento.

15

Tudo o que está em harmonia comigo está em harmonia com você, ó Universo. Nada vem para mim demasiado cedo ou tarde quando está no tempo apropriado para você. Tudo o que suas estações trazem torna-se um fruto para mim, ó Natureza; suas são todas as coisas, em você estão todas as coisas, para você tudo retorna. O poeta diz: "Cara Cidade de Cecrope!", não dirá você: "Cara Cidade de Zeus!".

16

Ocupe-se com poucas coisas, diz o filósofo, se você deseja ter tranquilidade. Sendo desnecessária a maior parte do que falamos e fazemos, se um homem se livrar disso, ele terá mais lazer e menos inquietação. Do mesmo modo, cada homem deve se perguntar, de acordo com cada ocasião: seria esta uma das coisas desnecessárias? E, então, um homem deve livrar-se não só de atos desnecessários como também de pensamentos desnecessários, pois assim os atos supérfluos não sucederão.

17

Experimente como a vida de um homem bom lhe convém, a vida daquele que está satisfeito com o seu quinhão do todo, e que está satisfeito com seus próprios atos justos e com sua disposição benevolente.

18

Não perturbe a si mesmo. Faça-se em tudo simples. Alguém está fazendo o mal? É a si mesmo que ele comete o erro. Algo aconteceu com você? Bem, fora do universo, desde o início, tudo o que acontece foi atribuído e tecido para você. Em suma, sua vida é curta. Você deve aproveitar o presente com o uso da razão e da justiça. Seja sóbrio em seu sossego.

19

Se ele é um estranho ao universo, alguém que não sabe o que há nele, não menos é um estranho que não sabe o que está fazendo nele não. Ele é um fugitivo, que foge da razão social; é um cego, que fecha os olhos do entendimento; é um pobre, que precisa do outro, e não tem em si mesmo tudo o que é útil à vida. Ele é um abcesso no universo de quem se afasta e separa-se da razão de nossa natureza comum por ficar descontente com as coisas que acontecem, pois a mesma natureza que faz tudo isso também o fez; ele é um pedaço amputado de sua cidade, que arrancou sua própria alma da alma dos animais racionais, dos quais ele mesmo é um.

20

Ame a arte, por mais humilde que seja, que lhe foi concedido aprender, e contente-se com ela; e passe o resto da sua vida como alguém que confiou aos deuses, com toda a sua alma, tudo o que ele tem, não se tornando nem o tirano nem o escravo de homem algum.

21

É necessário lembrar que a atenção dada a tudo tem o seu próprio valor e proporção. Pois, assim, você não ficará insatisfeito, caso não se dedique mais do que é apropriado a assuntos menores.

22

Tudo é efêmero, tanto o que lembra quanto aquilo que é lembrado.

23

Observe constantemente que tudo ocorre por meio de mudança e acostume-se a considerar que a natureza do universo não ama nada mais do que mudar as coisas que existem para fazer coisas novas à sua semelhança. Pois tudo o que existe é, de certa forma, a semente de algo que virá a existir.

24

Examine os princípios que guiam os homens, inclusive os dos sábios, que tipo de coisas eles evitam e quais as coisas que almejam.

25

Não é mal que as coisas mudem, nem é bom que as coisas subsistam em consequência da mudança.

26

O tempo é como um rio formado pelos eventos que acontecem, uma torrente violenta; pois, assim que alguma coisa é vista, ela é levada, e outra toma o seu lugar, apenas para também ser levada.

27

Se algum deus lhe dissesse que você morrerá amanhã, ou certamente no dia depois de amanhã, não lhe preocuparia muito mais se isso acontecesse no terceiro dia depois disso, ou amanhã, a menos que você tenha a alma mesquinha no mais alto grau — pois quão pequena é essa diferença? Então, não dê grande importância a morrer daqui a mais anos do que você possa contar ou a morrer amanhã.

28

Pense incessantemente em quantos médicos morreram logo depois de ter contraído o cenho diante dos enfermos; e quantos astrólogos se foram depois de terem previsto com grandes pretensões as mortes de outros; e quantos filósofos partiram depois de intermináveis discursos a respeito da morte e da imortalidade; quantos heróis depois de terem matado milhares; e quantos tiranos, que usaram seu poder sobre as vidas dos homens com uma insolência terrível, como se imortais fossem; e quantas cidades jazem, por assim dizer, totalmente mortas, como Helice, Pompeia e Herculano, e incontáveis outras. Acrescente a esse cálculo todos a quem você conheceu, um depois do outro. Um homem, depois de enterrar o outro, morre, e outro o enterra; e tudo isso num curto período. Em suma, observe sempre o quão efêmeras e sem valor são as coisas humanas, e como aquilo que até ontem não passava de um pouco de muco amanhã será uma múmia ou cinzas. Passe então por este pequeno espaço de tempo em conformidade com a natureza e termine contente sua jornada, assim como uma azeitona cai quando está madura, abençoando a natureza que a produziu e agradecendo a árvore na qual cresceu.

29

Seja como o promontório contra o qual as ondas se chocam continuamente, mas ele continua firme, domando a fúria das águas que o cercam. Sou infeliz porque isso me aconteceu? — Não, sou feliz apesar de isso ter acontecido comigo, pois continuo livre de qualquer dor, nem oprimido pelo presente nem com medo do futuro. Pois algo do gênero pode ter ocorrido a qualquer outro homem; mas nem todos os homens teriam conseguido manter-se livres de dor na mesma situação. Por que, então, isso é mais uma desgraça do que uma bênção?

Por acaso isso que lhe ocorreu o impedirá de ser justo, magnânimo, temperado, prudente, seguro contra opiniões inconsideradas e contra a falsidade? Acaso isso o impedirá de ter modéstia, liberdade, e tudo o mais cuja presença na natureza do homem lhe permite obter tudo o que de fato lhe pertence? Lembre-se, portanto, de aplicar também esse princípio em cada ocasião que o levar a esse tipo de aborrecimento; não que isso se trate de um infortúnio, mas que suportá-lo com nobreza trará a você boa fortuna.

30

Ao todo, o intervalo entre o nascimento e a morte é pequeno; considere com quanta dificuldade, e na companhia de que tipo de pessoa, e em que corpo frágil, esse intervalo laboriosamente é passado. Não considere, portanto, a vida como algo que tenha qualquer valor. Olhe, pois, para a imensidão de tempo atrás de você, e para o tempo que está diante de você, outro espaço sem limites. Então, diante dessa imensidão, qual é a diferença entre aquele que vive três dias e aquele que vive três gerações?

31

Percorra sempre o caminho mais curto; e o caminho curto é o natural. Da mesma maneira, diga e faça tudo em conformidade com a mais perfeita sensatez. Pois esse propósito liberta o homem dos problemas, da guerra e de todo tipo de artifício e demonstração de ostentação.

Livro V

1

De manhã, quando você se levantar de má vontade, tenha este pensamento presente: estou me levantando para realizar o trabalho de um ser humano. Por que, então, estou insatisfeito, se estou prestes a fazer as coisas para as quais existo, e para as quais fui trazido para este mundo? Ou fui feito para isto, para deitar-me entre minhas cobertas e manter-me aquecido? Mas isso é mais agradável. Então você existe para seu próprio prazer, e não para qualquer tipo de ação e esforço? Você não é capaz de enxergar as pequenas plantas, os passarinhos, as formigas, as aranhas, as abelhas, que trabalham em conjunto para organizar suas distintas partes do universo? E você não está disposto a fazer o trabalho de um ser humano, e não se apressas em fazer aquilo que lhe cabe, de acordo com a sua natureza?

2

Julgue apropriados para si cada palavra e ato que estiver de acordo com a sua natureza; e não se deixe afetar pela culpa que lhe for atribuída por outras pessoas, nem por suas palavras, mas se algo lhe parecer bom o suficiente para ser dito ou feito, não o considere indigno de si. Pois essas pessoas têm seu próprio princípio condutor e seguem seus movimentos peculiares; coisas que não lhe dizem respeito, mas seguem em frente, de acordo com sua própria natureza e a natureza comum; o caminho de ambas é um só.

3

Sou composto pelo que é formal e pelo que é material; e nenhum deles perecerá na não existência, pois nenhum deles veio à existência a partir da não existência. Cada parte de mim, então, será reduzida por meio de alguma transformação a alguma outra parte do universo, que, então, se transformará em outra parte do universo, e assim por diante, para sempre. E, como consequência de tal mudança, eu também existo, assim como aqueles que me geraram, e assim sucessivamente para sempre, na outra direção.

4

Tais como são seus pensamentos habituais, tais também serão as características da sua mente; pois a alma é tingida pelos pensamentos. Tinja-a, portanto, com uma série contínua de pensamentos como estes: por exemplo, onde um homem pode viver, ele também pode viver bem. Mas ele deve viver em um palácio — bem, ele também deve viver bem em um palácio. Ora, o que é bom para o animal racional é a sociedade; pois fomos feitos para viver em sociedade, como foi demonstrado anteriormente. Não está claro que o inferior existe por causa do superior? Mas as coisas que têm vida são superiores àquelas que não a têm, e entre aquelas que têm vida, as superiores são as que detêm a razão.

5

Nada acontece a qualquer homem que a natureza não lhe tenha preparado para suportar.

6

O que não faz mal ao Estado, não faz mal ao cidadão. No caso de surgir qualquer tipo de dano, aplique esta regra: se o Estado não é prejudicado por isso, tampouco eu sou prejudicado. Mas, se o Estado é prejudicado, você não deve ficar zangado com aquele que prejudica o Estado. Mostre a ele onde foi que ele errou.

7

Pense frequentemente na rapidez com que as coisas passam e desaparecem, tanto as coisas que já existem quanto as que são produzidas. Pois a substância é como um rio num fluxo contínuo, e as atividades das coisas estão em constante mudança, e as causas operam num sem-número de possibilidades; e dificilmente há algo que fica parado. E considere isto que está próximo de você, este abismo sem limites do passado e do futuro, onde tudo desaparece. Como, então, não é um tolo aquele que se deixa envaidecer por essas coisas ou se atormenta por elas, e faz de si mesmo infeliz? Pois elas apenas podem irritá-lo por um tempo, um curto tempo.

8

Pense na substância universal, da qual você tem apenas uma parcela extremamente pequena; e no tempo universal, do qual apenas um intervalo curto e indivisível lhe foi designado; e naquilo que é estabelecido pelo destino, e quão diminuta parte disso você é.

9

Viva com os deuses. E vive com os deuses aquele que mostra constantemente a eles que sua alma está satisfeita com aquele quinhão que lhe coube, e que age de acordo com o que deseja o demônio[12], este guia que Zeus concedeu a cada homem para agir como seu guardião e guia, como uma parte de si próprio. E esse é o entendimento e a razão de cada homem.

---

[12] *Daemon* (em grego δαίμων, transliterado como *daímôn* e traduzido como "divindade" ou "espírito"). Trata-se de um ser da mitologia grega, designado pelos deuses a acompanhar os mortais. Cabe salientar, também, que na referida cultura grega o "demônio" era antes um ser de natureza intermediária entre divindade e humanidade, que prestava de antemão para aconselhar — para o bem ou para o mal — os homens em suas vidas públicas e privadas. Outro ponto a ser considerado é que a palavra grega para felicidade é *Eudaimonia* (*eudaimon*, εὐδαίμων), que significava "viver sob a influência de um bom *daemon*". (N. E.)

10

Você está irritado com aquele indivíduo cujas axilas fedem? Você está irritado com alguém cuja boca cheira mal? Que bem essa raiva poderá lhe trazer? Ele tem tal boca, ele tem tais axilas; e é inevitável que tais odores emanem desses lugares — mas o homem é dotado de razão, alguém dirá, e ele é capaz, caso se esforce, de descobrir em que maneira ofende; desejo-lhe boa sorte em sua empreitada. Bem, portanto, você tem razão: com sua faculdade racional, tente estimular a faculdade racional desse homem; mostre-lhe seu erro, repreenda-o. Pois, se ele lhe der ouvidos, você o terá curado e não haverá necessidade para ira.

11

A inteligência do universo é social. Consequentemente, ela fez as coisas inferiores por causa das superiores. E ela adaptou as coisas superiores umas às outras. Vê como ela subordinou, coordenou e atribuiu a tudo a sua porção adequada, e colocou as coisas que são melhores em harmonia umas com as outras.

12

Como é que você se comportou até agora com os deuses, seus pais, irmãos, filhos, professores, com aqueles que cuidaram de você durante sua infância, com seus amigos, parentes, com seus escravos? Considere se até aqui você se comportou com todos eles de tal maneira que isto pudesse ser dito sobre você: "Ele jamais lesou homem algum, seja por atos ou por palavras".

E recorde-se de quantas coisas que você passou e de quantas coisas foi capaz de suportar; e que a história de sua vida está agora completa, e sua missão foi cumprida; e de quantas coisas belas você viu; e de quantos prazeres e dores desprezou; e de quantas coisas tidas como honradas você rejeitou; e da quantidade de pessoas com más intenções a quem você demonstrou um temperamento gentil.

13

Logo, muito em breve, você não passará de cinzas, ou de um esqueleto, ou de um nome ou sequer de um nome; mas o nome é ruído e eco. E as coisas que são muito valorizadas na vida são vazias, putrefeitas, fúteis, assim como cachorrinhos a morder-se uns aos outros, ou crianças brigando, rindo e, logo em seguida, chorando. Mas a fidelidade, a justiça, a modéstia, a justiça e a verdade fugiram, terão "Subido ao Olimpo a partir desta Terra de amplo seio" (Hesíodo).

O que é então que ainda o prende aqui? Se os objetos dos sentidos são facilmente modificados e jamais permanecem os mesmos, e os órgãos da percepção ficam embotados e recebem com facilidade falsas impressões; e a pobre alma em si não passa de uma exalação do sangue. Mas ter uma boa reputação num mundo como este é algo vazio. Por que, então, você não espera em tranquilidade por seu fim, seja ele a extinção ou a transformação para algum outro estado? E até que esse dia chegue, o que nos basta? Ora, o que mais além de venerar e bendizer os deuses, e fazer o bem aos homens, e praticar a tolerância e o autocontrole? Mas, no que diz respeito a tudo o que está além dos limites de sua pobre carne e respiração, lembre-se de que isso não é seu nem está em seu poder.

14

Você pode passar sua vida num fluxo constante de felicidade, se puder seguir pelo caminho correto, e pensar e agir da maneira correta. Essas duas coisas são comuns tanto à alma de Deus quanto à alma do homem, bem como à alma de todo ser racional: não ser impedido por outro, e considerar que o bem se encontra na predisposição à justiça e na sua prática, e nisso deixar que seu desejo encontre sua realização.

15

Já fui um homem afortunado, mas não sou mais, não sei como. Mas ser afortunado significa ser um homem que atribuiu a si próprio uma boa fortuna; e uma boa fortuna é uma boa disposição da alma, boas emoções e boas ações.

Livro VI

1

A substância do universo é obediente e maleável; e a razão que o governa não tem em si qualquer motivação para fazer o mal, pois ela não tem malícia, nem faz mal a nada, nem nada é prejudicado por ela. Mas todas as coisas são feitas e aperfeiçoadas de acordo com essa razão.

2

Que não faça diferença para você se sente frio ou calor enquanto estiver cumprindo suas obrigações; se está com sono ou se dormiu o bastante, se malfalado ou elogiado; ou se morrendo ou fazendo outra coisa. Pois o ato de morrer não passa de um dos atos desta vida; é, então, suficiente, também nesse ato, fazer bem o que temos a fazer.

3

Todas as coisas existentes logo mudam e ou serão reduzidas a vapor, se é que todas as substâncias são uma só, ou serão dispersadas.

4

A razão que nos governa conhece sua própria disposição, e sabe o que faz e com que material trabalha.

5

A melhor maneira de se vingar é não se tornar como aquele que cometeu o erro.

6

O universo ou é uma confusão e uma involução mútua das coisas, e uma dispersão; ou é unidade, ordem e providência. Se se trata do primeiro caso, por que eu desejaria me demorar numa combinação fortuita de coisas e em tal desordem? E por que me preocupo com qualquer outra coisa além de quando, enfim, irei me tornar a terra? E por que me incomodo, uma vez que a dispersão de meus elementos ocorrerá, não importa o que eu faça? Mas se o segundo caso for verdadeiro, e a outra suposição é que for a verdadeira, eu reverencio, tenho firmeza e confiança naquele que me governa.

7

Se você tivesse uma madrasta e uma mãe ao mesmo tempo, seria obediente à sua madrasta, mas constantemente se veria retornando à sua mãe. Deixe que a corte e a filosofia sejam agora sua madrasta e sua mãe; retorne frequentemente à filosofia e repouse nela, por meio de quem tudo o que você encontra na corte parece tolerável, e você parece tolerável na corte.

8

Quando temos carnes diante de nós e outros comestíveis, temos a impressão de que este é um cadáver de um peixe, e aquele outro é um cadáver de um pássaro ou de um porco; do mesmo modo, este vinho falerniano não passa de reles suco de uva, e essa toga púrpura, de lã de ovelha tingida com o sangue de um marisco; tais são, portanto, essas impressões, e elas alcançam e permeiam as próprias coisas, e assim vemos que tipo de coisas elas são. Da mesma forma, devemos agir durante toda a vida, e onde há coisas que parecem mais dignas de nossa aprovação, devemos desnudá-las e olhar sua inutilidade removendo delas todas as palavras usadas para exaltá-las. Pois o aspecto exterior é um maravilhoso empecilho à razão, e quando você mais tem certeza de que sua arte está sendo empregada em coisas que valem a pena, é aí que ele mais o engana.

9

Aquele que dá valor a uma alma racional, a uma alma universal, apta à vida política, não pensa em mais nada além disso; e, acima de tudo, ele mantém sua alma numa condição e numa atividade que se conformem à razão e à vida social, e coopera para que todos os seus semelhantes atinjam a mesma meta.

10

Os movimentos dos elementos estão em cima de nós, embaixo de nós e à nossa volta. Mas o movimento da virtude não se encontra em nenhum dos três lugares; ele é algo mais divino, e, prosseguindo por um caminho que raramente é notado, ele segue feliz em sua estrada.

11

Como agem de maneira estranha os homens. Eles não elogiam aqueles que vivem na mesma época e convivem com eles próprios; mas dão um valor imenso a serem louvados pela posteridade, por aqueles que nunca viram e jamais verão. Mas isso equivale a você se lamentar por não ser louvado por aqueles que viveram antes de você.

12

Se algo é difícil demais para ser realizado por você, não julgue ser impossível para o ser humano; mas, se algo for possível de ser realizado por algum ser humano, de acordo com sua natureza, pense que isso também poderá ser realizado por você.

13

Suponha que, em seus exercícios de ginástica, um homem crave suas unhas em você, e, em batendo contra a sua cabeça, ele o machuque. Bem, não mostramos quaisquer sinais de irritação, nem ficamos ofendidos, nem suspeitamos dele, mais tarde, como um sujeito traiçoeiro; e, ainda assim, mantemos nossa guarda erguida contra ele, não como um inimigo nem por suspeitar dele, mas calmamente saímos do seu caminho. Deixe que seu comportamento seja parecido com esse em outros aspectos de sua vida; que possamos relevar muitas coisas nas pessoas que são como nossos antagonistas no ginásio. Pois temos o poder, conforme eu disse, de simplesmente sair do caminho, sem alimentar qualquer tipo de desconfiança ou ódio.

14

Se algum homem for capaz de me convencer e mostrar que eu não penso ou ajo de maneira correta, mudarei de bom grado meu comportamento; pois procuro a verdade pela qual homem algum jamais foi prejudicado. Mas aquele que insiste no erro e na ignorância constantemente se prejudica.

15

Cumpro o meu dever e mais nada me preocupa; pois ou são coisas desprovidas de razão ou são coisas que se perderam e saíram de seu rumo.

16

Tanto Alexandre da Macedônia quanto seu cavalariço foram reduzidos pela morte ao mesmo estado; pois ou foram recebidos entre os mesmos princípios seminais do universo ou foram igualmente dispersados entre os átomos.

17

Considere quantas coisas, no mesmo período indivisível de tempo, ocorrem dentro de cada um de nós, coisas que dizem respeito ao corpo e coisas que dizem respeito à alma; e você não irá se perguntar se outras coisas, ou coisas que passam a existir naquilo que é um e todo, que chamamos de Cosmos, existem nele ao mesmo tempo.

18

Se algum homem lhe perguntasse: como se escreve o nome "Antonino", você pronunciaria, com um esforço de voz, cada uma das letras? E se eles ficarem com raiva, você ficaria com raiva também? Não seguirás com compostura, enumerando cada uma das letras? Da mesma forma, nesta vida, lembre-se também de que todo dever é composto de determinadas partes. É o seu dever observar, e, sem se deixar ser perturbado ou mostrar-se com raiva em relação àqueles que têm raiva de você, prosseguir em seu caminho e terminar aquela tarefa que é colocada diante de você.

19

Como é cruel não permitir que os homens se esforcem por aquelas coisas que lhes parecem proveitosas e apropriadas às suas naturezas! E, ainda assim, você, de certa maneira, não permite que eles o façam quando você se deixa aborrecer por eles terem agido mal. Pois eles certamente são movidos na direção das coisas porque as supõem apropriadas à sua natureza e proveitosas para elas. Mas esse não é o caso. Então, ensine-os, e mostre a eles, sem se deixar tomar pela ira.

20

É uma pena para a alma ser o primeiro a ceder nesta vida quando o seu corpo não cede.

21

Cuidado para não se deixar ser transformado em César, não se deixar ser tingido com a tinta dele; pois essas coisas acontecem. Mantenha-se simples, bom, puro, sério, livre de qualquer afetação, um amigo da justiça, um devoto dos deuses, gentil, afetuoso, enérgico em todos os atos apropriados. Esforce-se para continuar a ser tal como a filosofia desejou fazer de você. Preste reverência aos deuses e ajude os homens. A vida é curta. Há apenas um fruto desta vida terrena: uma disposição piedosa e atos sociais. Faça tudo como se fosse um discípulo de Antonino. Lembre-se de sua constância em cada ato conformável à razão, e de sua uniformidade em todas as coisas, de sua piedade, da serenidade de seu semblante, de sua doçura, de seu desprezo pela fama vazia e de seus esforços para compreender as coisas; e de como ele jamais deixaria passar qualquer coisa sem antes tê-la examinado cuidadosamente e a compreendido claramente; e de como ele suportou aqueles que o culparam injustamente, sem culpá-los em troca; e como ele jamais fazia qualquer coisa apressadamente; e como ele não dava ouvidos a calúnias, e como era um examinador preciso dos comportamentos e ações dos outros; e não era dado a reprovar os outros, nem tímido, nem desconfiado, nem um sofista; e com quão pouco ele estava satisfeito, tais como alojamento, cama, roupa, comida, criados; e quão diligente e paciente; e como, por conta de sua dieta frugal, era capaz de aguentar um dia inteiro de trabalho sem precisar se retirar para quaisquer evacuações até seu horário costumeiro; de sua firmeza e constância em suas amizades; e de como tolerava a liberdade de expressão daqueles que se opunham às suas opiniões; e do prazer que sentia quando algum homem lhe mostrava algo melhor; e de como era religioso sem superstições. Imite tudo isso para que você tenha uma consciência tão boa quanto a dele quando chegar a sua última hora.

22

Aquele que viu as coisas presentes já viu tudo, tanto aquilo que já aconteceu desde tempos imemoriais quanto aquilo que ocorrerá até o fim dos tempos; pois todas as coisas pertencem à mesma família e têm uma só forma.

23

Adapte-se a todas as coisas que fazem parte do seu destino; e, quanto aos homens entre os quais você recebeu o seu quinhão, ame-os, mas faça-o sinceramente.

24

Os homens cooperam entre si de maneiras diferentes; e mesmo aqueles que cooperam abundantemente entre si encontram defeitos no que acontece com eles, e também os que tentam se opor a isso e impedi-lo; pois o universo também precisa de homens assim. Resta, então, a você compreender em qual categoria de trabalhador se encaixa: pois aquele que governa todas as coisas certamente fará uso de você, e o receberá entre uma parte dos cooperadores e daqueles cujos trabalhos conduzem ao mesmo fim.

25

O que quer que aconteça a cada homem, é do interesse do todo; isso pode ser suficiente. Mas, além disso, você verá que essa também é uma verdade geral, se observar que tudo o que é vantajoso para um homem é vantajoso também para os outros. Mas que o termo "vantajoso", seja tomado aqui no sentido comum [de coisas que não são boas nem más].

26

Assim como acontece com você nos anfiteatros e lugares do gênero, a visão contínua das mesmas coisas e a uniformidade tornam o espetáculo enfadonho, e assim é por toda a vida; pois todas as coisas acima e abaixo são iguais e vêm do mesmo lugar. Por quanto tempo, portanto?

27

Há uma coisa aqui que vale muito: viver a vida de acordo com a verdade e a justiça, com uma disposição benevolente até mesmo com relação aos homens mentirosos e injustos.

28

Quando você quiser se deleitar, pense nas virtudes daqueles com quem você convive; por exemplo, a atividade deste, a modéstia daquele, a generosidade de um terceiro, e alguma outra boa qualidade de um quarto. Pois nada traz mais deleite do que ver os exemplos das virtudes, tais como quando nos são exibidos nas morais daqueles com quem convivemos e quando se apresentam a nós em abundância, na medida do possível. Portanto, devemos mantê-los sempre diante de nós.

29

Você não está insatisfeito, suponho, porque pesa apenas alguns litros, e não trezentos. Não fique, portanto, insatisfeito por só viver apenas alguns anos, e não mais; pois da mesma maneira com que você se satisfaz com a quantidade de substância que lhe foi concedida, também se contente com o seu quinhão de tempo.

30

Aquilo que não é bom para a colmeia não pode ser bom para a abelha.

31

Para aquele que tem icterícia, o mel tem gosto amargo, e para aqueles que foram mordidos por cães raivosos, a água causa-lhe medo; e, para crianças pequenas, uma bola é uma coisa muito boa. Por que então me enfureço? Você acha que uma opinião falsa tem menos poder do que a bile do ictérico ou o veneno naquele que é mordido por um cão raivoso?

32

Homem algum jamais o impedirá de viver de acordo com a razão de sua própria natureza; nada irá lhe acontecer que contrarie as razões da natureza universal.

33

Que tipo de pessoas são aquelas a quem os homens desejam agradar, com que objetivos e por que tipo de atos? Quanto tempo levará para que o tempo cubra tudo, e quantas coisas ele já se encarregou de cobrir?

Livro VII

1

O que é a maldade[13]? Em tudo o que acontecer, tenha sempre isto em mente: ela é tudo o que você já se cansou de ver. Por todos os lados, para cima e para baixo, você encontrará sempre as mesmas coisas, das quais as histórias antigas estão repletas, assim como aquelas da Idade Média e as de nossos dias; com as quais as cidades e casas agora estão repletas. Não há nada de novo; todas as coisas são familiares e têm vida curta.

---

[13] O seguinte trecho: "O que é a maldade?" não se encontra no original em inglês do livro *The Wisdom of the Stoics* [*A Sabedoria dos Estoicos*], organizado por Frances K. Hazlitt e Henry Hazlitt, entretanto tal parte compõe a obra em diversas outras grandes traduções das *Meditações* de Marco Aurélio, em edições largamente referenciadas tanto em inglês e em português quanto em outros idiomas como o espanhol, o francês e o italiano. Sem este exerto, a compreensão do que Marco Aurélio exorta no referido parágrafo fica comprometida em sua inteireza; e por isso mesmo julgamos por bem incluir o referido trecho no corpo da obra. (N. E.)

2

Recuperar a sua vida está em seu poder. Olhe novamente para as coisas tal como costumava encará-las; pois nisso consiste a recuperação da sua vida.

3

Cada homem vale tanto quanto valem as coisas com as quais ele se ocupa.

4

Será minha inteligência suficiente para isso ou não? Se ela for suficiente, uso-a para o trabalho como um instrumento dado pela natureza universal. Mas, se não for suficiente, então ou me aposento do trabalho, e dou lugar àquele que é capaz de realizá-lo melhor, a menos que exista algum motivo para que eu não o faça; ou faço-o da melhor forma que posso, trazendo para me ajudar o homem que, com a ajuda de meu princípio regente, pode fazer o que agora é apropriado e útil ao bem comum. Pois tudo o que eu puder fazer por mim ou por outrem, deve ser dirigido apenas a isto, àquilo que é útil e adequado à sociedade.

5

Não tenha vergonha de ser ajudado; pois é seu dever cumprir sua obrigação, tal como um soldado que está sitiando uma cidade. Como, então, é possível, caso você seja coxo, escalar as ameias sozinho, sem o auxílio de outro?

6

Não deixe que as coisas do futuro o perturbem, pois você irá até elas, se for necessário, tendo contigo a mesma razão que agora você utiliza para lidar com as coisas do seu presente.

7

Todas as coisas estão relacionadas umas com as outras, e o laço é sagrado; e dificilmente há algo desconectado de qualquer outra coisa. Pois as coisas foram coordenadas e combinam-se para formar o mesmo universo [ordem]. Pois há um universo composto por todas as coisas e um deus que permeia todas elas, e uma substância e uma lei, uma razão comum em todos os animais inteligentes e uma verdade; se, de fato, há também uma perfeição comum a todos os animais que pertencem à mesma espécie e que participam da mesma razão.

8

Terá algum homem medo da mudança? Ora, o que pode acontecer sem mudança? O que, então, é mais aprazível ou apropriado à natureza universal? E você pode tomar um banho a menos que a madeira passe por uma mudança? E você pode se alimentar a menos que a comida passe por alguma mudança? E qualquer coisa que seja útil pode ser realizada sem uma mudança? Você não vê, então, que mudar também, para você, é a mesma coisa, e igualmente necessário para a natureza universal?

9

Por meio da substância universal, como por meio de uma torrente furiosa, todos os corpos são carregados e estão, por sua natureza, unidos e cooperando com o todo, tal como as partes do nosso corpo, umas com as outras. Quantos Crisipos, quantos Sócrates, quantos Epitetos o tempo já engoliu? E deixe o mesmo pensamento ocorrer a você com relação a todo homem e coisa.

10

Perto está seu esquecimento de todas as coisas; e perto você ser esquecido por todos.

11

Um cenho franzido é totalmente contrário à natureza; quando frequente, o resultado é que toda a graciosidade vai lentamente se extinguido e, por fim, desaparece de forma tão completa que absolutamente não mais pode ser reavivada. Tente concluir a partir deste fato, que é contrário à razão. Pois, se até mesmo a percepção de que se está fazendo algo errado deixar de existir, que motivo há para viver por mais tempo?

12

A natureza, que governa o todo, logo mudará todas as coisas que você vê, e da substância delas fará outras coisas, e, outra vez, fará outras coisas da substância dessas segundas, a fim de que o mundo seja sempre novo.

13

Não pense tanto no que você não tem quanto você pensa no que tem; mas nas coisas que selecionou como as melhores e, então, reflita sobre com que avidez elas seriam buscadas caso você não as tivesse. No entanto, ao mesmo tempo, tome cuidado para que, por não se ver tão satisfeito com elas, você não se acostume a dar-lhes demasiado valor, de modo a ficar perturbado caso algum dia você não as tiver.

14

Adorna-te com simplicidade e modéstia, e com indiferença para com as coisas que estão entre o vício e a virtude. Ame a humanidade. Siga a Deus. O poeta diz que a lei tudo rege. E basta lembrar que a lei tudo rege.

15

Sobre a morte: seja ela uma dispersão, ou uma resolução em átomos, ou aniquilação, ela é extinção ou mudança.

16

Sobre a dor: a que é insuportável nos leva à morte, mas a que dura por muito tempo é tolerável; e a mente mantém sua própria tranquilidade ao se retirar para dentro de si mesma, sem afetar a faculdade governante.

17

Sobre a fama: observe a mente [daqueles que a procuram], observe o que eles são, que tipo de coisas evitam e que tipo de coisas perseguem. E considere que, assim como as dunas de areia cobrem as dunas que vieram antes delas, na vida, os eventos que acontecem antes são cobertos por aqueles que vêm depois.

18

Pois assim é, homens de Atenas; em verdade, onde quer que um homem tenha se posicionado, pensando ser aquele o melhor lugar para si, ou tendo sido posto por algum comandante, lá, em minha opinião, ele deve ficar e suportar o perigo, não levando em conta nada, seja a morte ou qualquer outra coisa, antes de cometer a ignomínia de abandonar seu posto.

19

Observe ao redor o curso das estrelas, como se estivesse indo com elas; e considere constantemente as mudanças dos elementos uns nos outros; pois tais pensamentos purificam a sujeira e as impurezas da vida terrena.

20

Eis um belo dito de Platão: aquele que discursa sobre os homens, olhe também para as coisas terrenas como se as visse a partir de um lugar mais elevado; deveria olhar para elas em suas assembleias, exércitos, lavouras, casamentos, tratados, nascimentos, mortes, barulho dos tribunais de justiça, lugares desertos, diversas nações bárbaras, festas, cantos fúnebres, mercados, uma mistura de todas as coisas e uma combinação ordenada de contrários.

21

Ter contemplado a vida humana por quarenta anos é o mesmo que tê-la contemplado por dez mil anos. Afinal, o que mais você verá?

22

O princípio primordial, portanto, da constituição do homem é o social. E o segundo é não ceder às persuasões do corpo, pois é ofício peculiar do movimento racional e inteligente circunscrever a si mesmo e jamais se deixar sobrepujar pelo movimento dos sentidos ou dos apetites, pois ambos são animalescos.

23

Considere-se como alguém que morreu, que completou toda sua vida até o presente; e viva de acordo com sua natureza o resto que lhe for concedido.

24

Por que você não está totalmente determinado na maneira correta de fazer uso das coisas que acontecem a você? Pois, dessa forma, você as usará bem e elas lhe serão um bom material para você [trabalhar]. Apenas cuide de si mesmo e decida ser um homem bom em cada ato que realizar; e lembre-se...

25

Olhe para dentro de si. Dentro está o alicerce do bem, e ele sempre haverá de jorrar se você cavar.

26

O corpo deve ser compacto e não demonstrar irregularidades nos movimentos ou na atitude. Pois o que a mente mostra no rosto, conservando nele a expressão de inteligência e propriedade, isso deve ser exigido também em todo o corpo. Mas tudo isso deve ser feito sem afetação.

27

A arte da vida é mais parecida à arte do lutador do que à do dançarino, e, a esse respeito, deve estar pronta e firme, e enfrentar ataques repentinos e inesperados.

28

"Nenhuma alma (diz ele) se priva voluntariamente da verdade", e, por consequência, tampouco da justiça, da temperança, da bondade ou da suavidade; nem de qualquer coisa do tipo. É muito necessário que você sempre se lembre disso. Pois, assim, você conseguirá ser muito mais gentil e moderado em relação a todos os homens.

29

No caso da maioria das dores, que este comentário de Epicuro o auxilie: "que a dor não é intolerável nem eterna, se você tiver em mente que ela tem seus limites, e se nada a ela você acrescentar, que venha da sua imaginação".

30

É bem possível ser um homem divino sem jamais ser reconhecido como tal por qualquer pessoa. Tenha isso sempre em mente; e outra coisa também: que realmente muito pouco é necessário para viver uma vida feliz.

31

Está sob o seu controle viver livre de qualquer compulsão, na plena tranquilidade da mente, mesmo se todo o mundo gritar contra você tanto quanto eles quiserem e mesmo que feras rasguem em pedaços os membros dessa matéria sovada que cresceu ao seu redor.

32

A perfeição do caráter moral consiste nisto: em passar cada dia como o último, e em não ficar excessivamente agitado, nem entorpecido, nem bancar o hipócrita.

33

Os deuses, que são imortais, não se irritam, porque precisam, durante muito tempo, e devem continuamente tolerar os homens como eles são, e muitos deles são maus; além disso, eles cuidam de todos os homens de todos as maneiras. Mas você, que está destinado a acabar tão cedo, está cansado de suportar pessoas más, até mesmo quando você é uma delas?

34

É algo ridículo para um homem não fugir de sua própria maldade, o que é algo perfeitamente possível, mas fugir da maldade de outro que é impossível.

35

Quando você fizer uma boa ação e outro a receber, por que você continua procurando por uma terceira coisa além dessas, como fazem os tolos, ou para obter alguma reputação de ter feito algo de bom, ou para obter algo em troca?

Livro VIII

1

Você teve a experiência de muitas andanças sem ter encontrado a felicidade em lugar algum; nem em silogismos, nem em riqueza, nem em reputação, nem em gozo, nem em qualquer lugar. Onde ela está, então? Em fazer o que a natureza do homem requer. E como, então, um homem deve fazer isso? Se ele tem princípios oriundos dos seus afetos e dos seus atos. Quais princípios? Aqueles relacionados ao bem e ao mal; a crença de que não há nada de bom para o homem, o que não o torna justo, temperado, viril, livre; e que não existe nada de mal que não tenha o efeito contrário.

2

Na ocasião de cada ato, pergunte-se: como isso se relaciona comigo? Devo arrepender-me disso? Um pouco de tempo, e estou morto, e tudo terá desaparecido. O que mais procuro, se o que estou fazendo agora é obra de um ser vivo inteligente, e um ser social, e alguém que está sob a mesma lei de Deus?

3

Uma vez tendo fixado seus olhos firmemente em seu dever, observe-o, lembrando-se, ao mesmo tempo, de que é sua obrigação ser um homem bom, e o que a natureza humana exige, faça isso sem se desviar; e fale do modo que lhe parecer mais justo, apenas com uma boa disposição, modéstia e sem hipocrisia.

4

Toda natureza fica contente consigo mesma quando segue bem o seu caminho; e uma natureza racional segue bem pelo seu caminho quando, em seus pensamentos, ela não concorda com nada de falso ou incerto, e quando direciona seus movimentos apenas a atos sociais, e quando restringe seus desejos e aversões às coisas que estão em seu poder e quando está satisfeita com tudo o que lhe é atribuído pela natureza comum. Pois dessa natureza comum toda natureza particular é uma parte, assim como a natureza da folha é parte da natureza da planta; exceto que, no caso da planta, a natureza da folha é parte de uma natureza que não tem a percepção da razão e está sujeita a ser impedida, mas a natureza do homem é parte de uma natureza que não está sujeita a impedimentos, e que é inteligente e justa.

5

Quando você se despertar de seu sono com relutância, lembre-se de que está de acordo com a sua constituição e de acordo com a natureza humana, realizar atos sociais, mas dormir é algo que partilhamos com os animais irracionais.

6

Qualquer que seja o homem com quem você se encontrar, diga imediatamente a si mesmo: que opinião este homem tem sobre o bem e o mal? Pois, se com respeito ao prazer e à dor, e às causas de cada um, e com respeito à fama e ignomínia, morte e vida ele tem tais e tais, não me parecerá nada estranho se ele fizer tais e tais coisas; e devo ter em mente que ele é compelido a fazê-lo.

7

Lembre-se de que mudar sua opinião e seguir o que diz aquele que corrige o seu erro é tão condizente com a liberdade quanto persistir em seu erro. Pois é sua a atividade exercida de acordo com seu próprio movimento e julgamento, e, na verdade, de acordo também com seu próprio entendimento.

8

Tudo existe para algum fim: um cavalo, uma videira. Por que você se espanta? Até o sol dirá: "eu existo para algum propósito", e o resto dos deuses dirá o mesmo. Para que propósito, então, você existe? Desfrutar do prazer? Veja se o senso comum o permite.

9

Fale tanto no Senado quanto a todo homem, seja ele quem for, de maneira apropriada, sem afetação; use uma linguagem simples.

10

Receba a riqueza ou a prosperidade sem arrogância; e esteja pronto para deixá-las ir.

11

Não se perturbe pensando sobre toda a sua vida. Não deixe que seus pensamentos abranjam de uma só vez todos os problemas que você espera que se abatam sobre você; mas, a cada ocasião, pergunte-se: o que há nisso que é intolerável e ultrapassado? Pois você terá vergonha de confessá-lo. Em seguida, lembre-se de que nem o futuro nem o passado podem se abater sobre você, mas apenas o presente. Mas isso é reduzido a muito pouco, se você apenas circunscrever e reprimir a sua mente, se ela for incapaz de resistir até mesmo a isso.

12

Coisas diferentes deleitam pessoas diferentes. Mas eu me deleito em manter minha faculdade governante sã, sem dar as costas a homem algum ou a qualquer uma das coisas que acontecerem comigo, mas observando e vendo tudo com olhos acolhedores e usando todas as coisas de acordo com o seu valor.

13

Trate de guardar o tempo presente para você mesmo; pois aqueles que, em vez disso, perseguem a fama póstuma, não consideram que os homens do futuro serão exatamente como aqueles que eles não podem suportar agora; e ambos são mortais. E o que lhe importa se os homens do futuro proferem este ou aquele som, ou têm esta ou aquela opinião sobre você?

14

Se você está sofrendo por alguma coisa externa, não é ela o que o está incomodando, mas o seu próprio julgamento a respeito dela. E está em seu poder acabar com esse julgamento agora. Mas, se algo em sua própria disposição lhe causar dor, quem pode o impedir de corrigir sua própria opinião? E ainda que você esteja sofrendo por não estar fazendo algo específico que lhe pareça correto, por que você não prefere agir em vez de reclamar? Mas algum obstáculo intransponível está em seu caminho? Não se aflija, então, porque a causa de isso não ser feito não depende de você. Mas não vale a pena viver se isso não pode ser feito. Parta, então, da vida com contentamento, assim como morre aquele que está em plena atividade, e também satisfeito com as coisas que são obstáculos.

15

Nem em suas ações seja indolente; nem em sua conversa, sem método; nem divagando em seus pensamentos, nem que haja em sua alma contenção interior nem efusão externa; nem seja tão ocupado em sua vida a ponto de não poder ter lazer. Suponha que os homens o matem, cortem em pedaços, amaldiçoem-no. O que, então, essas coisas podem fazer para impedir que sua mente permaneça pura, sábia, sóbria, justa? Por exemplo, se um homem fica perto de uma fonte de água límpida e pura e a amaldiçoa, a fonte jamais cessa de jorrar água potável; e se ele jogar nela argila ou sujeira, rapidamente ela a dispersará e lavará, e não será de forma alguma poluída. Como, então, você terá uma fonte perpétua, e não um mero poço? Formando-se a cada hora para a liberdade combinada com contentamento, simplicidade e modéstia.

16

Embora tenhamos sido feitos especialmente uns para o bem dos outros, ainda assim o poder governante dentro de cada um de nós tem seu próprio ofício; pois, do contrário, a maldade de meu vizinho seria meu dano, o que Deus não quis, para que minha infelicidade não dependa de outra.

17

Os homens existem para o bem uns dos outros. Ensine-os, então, ou tolere-os.

Livro IX

1

Aquele que age injustamente, age impiamente. Pois, uma vez que a natureza universal fez animais racionais uns pelo bem dos outros, para ajudarem uns aos outros de acordo com seus méritos, mas de forma alguma para prejudicar uns aos outros, aquele que transgride a vontade dela é claramente culpado de impiedade para com a divindade mais elevada. E também aquele que mente é culpado de impiedade para com a mesma divindade; pois a natureza universal é a natureza das coisas que existem, e as coisas que existem têm uma relação com todas as coisas que vêm a existir. Além disso, essa natureza universal é chamada de verdade e é a causa primordial de todas as coisas que são verdadeiras.

2

Você está determinado a prosseguir no vício? E a experiência ainda não o levou a afastar-se dessa pestilência? Pois a destruição do entendimento é uma pestilência, muito mais, inclusive, do que qualquer corrupção e alteração desta atmosfera que nos cerca. Pois essa corrupção é uma pestilência que aflige os animais, em sua condição de animais, enquanto aquela aflige os seres humanos, em sua condição de seres humanos.

3

Não despreze a morte, mas contente-se com ela, pois ela também é uma das coisas que a natureza deseja.

4

Isso, portanto, é consistente com o caráter de um homem ponderado, de não ser nem descuidado, nem impaciente, nem desdenhoso no que diz respeito à morte, mas que espera por ela como uma das operações da natureza.

5

Muitas vezes age injustamente quem não faz uma determinada coisa, não só aquele que faz uma determinada coisa.

6

Examine o desejo, extinga o apetite, mantenha a faculdade governante sob seu controle.

7

Se você puder, corrija ensinando aqueles que erram; mas, se não puder, lembre-se de que a indulgência é dada a você para esse propósito.

8

Hoje me livrei de todos os problemas, ou melhor, lancei fora todos os problemas, pois eles não estavam fora, mas dentro de mim e em minhas opiniões.

9

Todas as coisas são iguais, familiares na experiência, efêmeras no tempo e sem valor na matéria. Tudo agora é exatamente como era na época daqueles a quem enterramos.

10

Assim como você mesmo é uma das partes que compõem um sistema social, então, deixe que cada ato seu seja uma das partes que compõem a vida social.

11

Quando outro culpa ou odeia você, ou quando os homens afirmam qualquer injúria a seu respeito, aproxime-se de suas pobres almas, penetre-as, e procure ver que tipo homens eles são. Você descobrirá que não existe motivo para se preocupar que esses homens possam ter esta ou aquela opinião a seu respeito.

12

Não espere ainda pela República de Platão: mas fique contente se a menor coisa der certo, e não considere isso algo insignificante. Pois quem é capaz de mudar as opiniões dos homens?

13

Um homem ora assim: como conseguirei me deitar com aquela mulher? Você ora assim: como eu desejarei me deitar com ela? Outro ora assim:

como serei liberto disso? Ore assim: como não desejarei ser liberto? Outro ora assim: como faço para não perder meu filhinho? Você ora assim: como não terei medo de perdê-lo? Em suma, oriente suas orações para essa direção e veja o que acontece.

14

Epicuro diz: "na minha doença, minha conversa não era sobre meus sofrimentos corporais", nem, diz ele, "falava sobre esses assuntos para aqueles que me visitavam; mas continuei a falar sobre a natureza das coisas, como fazia antes, mantendo-me neste argumento principal: como a mente, enquanto participa de tais movimentos, como ocorre na pobre carne, estará livre de perturbações e conservará seu próprio bem". "Tampouco", prossegue ele, "dei aos médicos qualquer oportunidade de estampar olhares solenes, como se estivessem fazendo algo de grandioso, mas minha vida seguiu bem e feliz". Faça, portanto, o mesmo que ele fez na doença, esteja você doente, ou em quaisquer outras circunstâncias: jamais abandone a filosofia, aconteça o que acontecer, nem mantenha conversas triviais com um homem ignorante ou com alguém que não esteja familiarizado com a natureza.

15

Quando se sentir ofendido com a conduta indecente de alguém, pergunte-se de imediato: É possível que homens indecentes não estejam no mundo? Não é possível. Logo, não exija aquilo que é impossível. Pois esse homem é um daqueles obscenos que necessariamente devem existir no mundo. Que as mesmas considerações estejam presentes em sua mente no caso do canalha, do infiel e de todo homem que pratique o mal de qualquer forma. Pois, ao mesmo tempo em que você se lembrar de que é impossível que esses homens não existam, você se torna mais gentilmente disposto para com cada um individualmente.

16

Acima de tudo, quando culpar um homem como infiel ou ingrato, examine a si mesmo. Pois a culpa evidentemente é sua, se você acreditou que um homem com essa disposição manteria sua promessa, ou ao agraciá-lo com a sua bondade, não a tenha dado de forma absoluta, nem, pelo menos, de uma maneira pela qual você pudesse tirar todo o proveito possível de seu ato. Pois o que mais você poderia querer depois de prestar algum serviço a um homem? Você não está contente por ter feito algo em conformidade com a sua natureza e procura ser remunerado por isso?

Livro X

1

Lembre-se: você foi formado pela natureza para suportar tudo, em relação a isso, depende de sua própria opinião tornar tudo suportável e tolerável, pensando que é de seu interesse ou sua obrigação fazê-lo.

2

O que quer que possa acontecer com você, isso foi preparado para você desde a eternidade.

3

Quer o universo seja um aglomerado de átomos, ou a natureza seja um sistema, que antes fique claro que eu sou uma parte do todo que é governado pela natureza; em seguida, eu estou de algum modo intimamente relacionado às partes que são da mesma espécie comigo. Pois, ao ter isso em mente, uma vez que sou uma parte, não ficarei descontente com o quinhão que me for designado deste todo; pois nada é prejudicial à parte se for para o benefício do todo.

4

A magnanimidade é a elevação da parte inteligente acima das sensações de prazer ou dor da carne, e acima daquela pobre coisa chamada de fama, e morte, e todas essas coisas.

5

Quando se sentir ofendido pelo erro de algum homem, imediatamente volte-se a si mesmo e reflita de que maneira semelhante você mesmo se engana; por exemplo, em pensar que dinheiro é uma coisa boa, ou o prazer, ou um pouco de reputação e coisas do gênero. Pois, por atentar-se a isso, rapidamente você esquecerá de sua ira.

6

Mas você, em que breve espaço de tempo está sua existência? E por que você não se contenta em passar esse curto tempo de uma maneira ordeira? Que matéria e oportunidade de agir você está evitando? Pois o que mais são todas essas coisas senão exercícios para a razão quando esta considerou cuidadosamente e pelo exame de sua natureza as coisas que acontecem na vida? Persevere, então, até que você tenha feito essas coisas suas, assim como o estômago que é fortalecido faz todas as coisas suas, como o fogo ardente faz chama e brilho de tudo o que é jogado dentro dele.

7

Que não esteja sob o poder de homem algum afirmar com propriedade a seu respeito que você não é simples ou que não é bom; mas seja mentiroso todo aquele que pense algo semelhante a seu respeito; e isso está inteiramente em seu poder. Pois quem é aquele que impedirá você de ser bom e simples?

8

O que é aquilo que, quanto a este material [nossa vida], pode ser feito ou dito de uma maneira que mais se conforme à razão? Pois, o que quer que seja, está em seu poder dizê-lo ou fazê-lo, e não dê desculpas de que está impedido. Você jamais cessará de se lamentar até que sua mente esteja numa condição tal que, o que é luxo para aqueles que desfrutam do prazer, o mesmo será para você, naquilo que é submetido e apresentado a você, e no ato de fazer as coisas que estão em conformidade com a constituição do homem; pois um homem deve considerar um prazer poder fazer tudo aquilo que está em seu poder de acordo com sua própria natureza.

9

Lembre-se de que nada fere aquele que realmente é um cidadão, que não fira igualmente o Estado; e tudo o que prejudica o Estado também prejudica a lei [ordem].

10

O olho saudável deve ser capaz de ver todas as coisas visíveis e não dizer: gostaria de ver coisas verdes; pois essa é a condição de um olho doente. E a audição e o olfato saudáveis devem estar prontos para perceber tudo aquilo que pode ser ouvido e cheirado. E o estômago saudável deve estar para todas as comidas assim como o moinho está em relação a todas as coisas para as quais ele foi construído para moer. Igualmente, o entendimento saudável deve estar preparado para tudo o que acontece; mas aquele que diz: "Deixem meus queridos filhos viverem e que todos os homens louvem tudo o que eu fizer", é um olho que busca coisas verdes, ou dentes que buscam coisas macias.

11

Acostume-se tanto quanto possível quando algo está sendo feito por alguma pessoa, a perguntar-se a si mesmo: para que objetivo este homem está fazendo isso? Mas comece por você mesmo, e examine a si mesmo primeiro.

Livro XI

1

Estas são as propriedades da alma racional: ela se vê, analisa-se, e faz de si conforme escolhe; ela própria se deleita com os frutos que produz — pois com os frutos das plantas e com o que nos animais corresponde aos frutos outros se deleitam —, ela atinge seus próprios fins, onde quer que o limite da vida seja fixado. Não como numa dança, numa peça e em coisas semelhantes, em que a ação fica incompleta se algo a interromper; mas em todas as partes e onde quer que ela seja interrompida, ela torna o que se apresenta diante dela pleno e completo, para que possa dizer: eu tenho o que é meu. E, além disso, ela atravessa todo o universo, o vácuo que o cerca, e examina sua forma, e se estende no infinito do tempo, e abraça e abarca a renovação periódica de todas as coisas, e compreende que aqueles que vierem depois de nós não verão nada de novo, nem aqueles que vieram antes de nós viram algo a mais; mas, de certa forma, aquele que tem 40 anos de idade, se tiver alguma compreensão, viu, em virtude da uniformidade que prevalece, todas as coisas que existiram e tudo o que existirá. Isso também é uma propriedade da alma racional: o amor ao próximo, a verdade e a modéstia, e não dar valor a nada além de si mesmo, o que também é próprio da Lei. Logo, a razão reta em nada difere da razão da justiça.

2

Fiz algo pelo interesse geral? Bem, então tive minha recompensa. Que isso esteja sempre presente em sua mente e que nunca pare de fazer este bem.

3

Qual é o seu ofício? Ser bom. E como isso pode ser obtido senão por meio de princípios gerais, alguns sobre a natureza do universo e outros sobre a constituição adequada do homem?

4

Enquanto alguém corta um galho da árvore, um homem se corta voluntariamente de seu semelhante quando o odeia e dá as costas a ele, sem se dar conta de que com isso está também se cortando de todo o sistema social.

5

Como aqueles que tentam ficar em seu caminho quando você está agindo de acordo com a razão reta não serão capazes de desviá-lo da ação que você julga apropriada, não permita que eles o afastem de seus sentimentos benevolentes com relação a eles, mas esteja igualmente vigilante quanto a esses dois pontos, não apenas quanto a julgamento e ação precipitados mas também quanto à gentileza com aqueles que tentam atrapalhá-lo ou perturbá-lo de outra forma.

6

Suponha que algum homem qualquer venha a me desprezar. Ele que cuide disso sozinho. Mas eu vou olhar para isso, para que não seja descoberto fazendo ou falando algo que mereça desprezo. Algum homem vai me odiar? Ele que se preocupe com isso. Mas eu serei brando e benevolente com todos os homens, pronto para mostrar até mesmo a ele seu erro, não em tom de reprimenda nem como uma demonstração da minha resistência, mas de maneira nobre e honesta. Um homem deve ser visto pelos deuses nem insatisfeito com algo nem reclamando. Pois que mal há para você, se você está agora fazendo aquilo que é agradável à sua própria natureza e está satisfeito com aquilo que neste momento é apropriado à natureza do universo, uma vez que você é um ser humano colocado em seu posto para que aquilo que seja apropriado ao bem comum possa de alguma maneira ser feito?

7

Como é doentio e insincero aquele que diz: "Resolvi lidar com você de uma maneira justa". O que você está fazendo, homem? Não há ocasião para fazer esse aviso. Em breve se manifestará por meio de atos.

8

Procure aquilo que esteja de acordo com a sua própria natureza e esforce-se para isso, ainda que não lhe traga reputação alguma; pois a todo homem é lícito buscar o seu próprio bem.

9

Se alguém o ofender, procure considerar que tipo de homens são essas pessoas à mesa, em suas camas, e assim por diante, e, mais especificamente, sob quais compulsões a respeito de seus princípios estão agindo; e, quanto a seus atos, considere com que orgulho eles fazem o que fazem.

10

Se os homens fazem bem o que fazem, não devemos ficar descontentes; mas se eles não fazem o que é certo, é claro que o fazem involuntariamente e por ignorância. Pois, assim como toda alma é involuntariamente privada da verdade, ela também é involuntariamente privada do poder se comportar com cada um de acordo com o seu merecimento. Da mesma forma, todos os homens sofrem quando são chamados de injustos, ingratos e gananciosos, em suma, malfeitores de seus próximos.

11

Considere que você também faz muitas coisas erradas e que é um homem como outros; e mesmo que você não se abstenha de certas faltas, ainda assim você tem a disposição para cometê-las, embora seja por covardia, ou preocupação com a reputação, ou algum motivo assim torpe, você de fato se abstém de tais faltas.

12

Considere que você nem mesmo entende se os homens estão agindo mal, pois muitas coisas são feitas com certa referência a circunstâncias. E, em suma, um homem deve aprender muito para ser capaz de passar um julgamento correto sobre as ações de outro homem.

13

Considere, quando você estiver muito aborrecido ou triste, que a vida do homem é apenas um momento, e, dentro de pouco tempo, todos estamos mortos.

14

Considere que não são os atos dos homens que nos perturbam, pois tais atos estão fundamentados nos princípios regentes dos homens e são as nossas próprias opiniões que nos incomodam. Então, elimine essas opiniões e decida-se por rejeitar seu julgamento a respeito de um ato como se fosse algo doloroso, e sua ira desparecerá. Como fazer, então, para eliminar essas opiniões? Constatando que nenhum ato lesivo de outra pessoa traz vergonha para mim.

15

Considere quanta dor nos provocam a ira e a irritação causadas por tais atos do que pelos atos propriamente ditos, pelos quais ficamos zangados e irritados.

16

Considere que uma boa disposição é invencível se for genuína, e não um sorriso afetado e interpretando um papel. Pois o que o homem mais violento fará contra você se continuar a ter uma disposição amável para com ele e, se tiver oportunidade, é gentilmente admoestá-lo e calmamente corrigir seus erros ao mesmo tempo em que ele está tentando lhe fazer mal, dizendo--lhe: "assim não, meu filho; somos por natureza constituídos para outra coisa; eu, certamente, não serei ferido, mas você está ferindo a si mesmo, meu filho". E mostre a ele, com tato gentil e por princípios gerais, que isso é assim, e que nem mesmo as abelhas se comportam como ele, nem quaisquer outros animais que são formados pela natureza para serem gregários. E você deve fazer isso sem nenhum duplo sentido, nem em tom de repreenda, mas afetuosamente, sem qualquer rancor na alma; não como se você estivesse dando um sermão nele, nem para que qualquer presente possa admirá-lo; mas sempre de maneira que ninguém saiba disso, a não ser ele próprio.

17

Lembre-se de todas as regras acima, como se as tivesse recebido de presente das Musas, e finalmente comece a ser um homem enquanto você está vivo. Mas você deve evitar igualmente lisonjear os homens e ser irritado por eles, pois ambos são antissociais e conduzem ao mal. E que esta verdade esteja presente em você na agitação da fúria: que ser movido pela paixão não é algo viril, mas que serenidade e gentileza, por serem mais consoantes com a natureza humana, também são mais viris; e aquele que possui essas qualidades possui força, nervos e coragem, e não o homem que está sujeito a ataques de paixão e descontentamento. Pois, na mesma proporção em que a mente do homem está mais próxima da liberdade de toda paixão, também está mais próxima da força. Assim como a sensação da dor é uma característica de fraqueza, também o é a ira; pois aquele que cede à dor e aquele que cede à raiva, ambos são feridos e subjugados.

18

Mas, se assim o quiser, receba mais este presente do líder das Musas, Apolo, e é este: esperar que homens maus não façam o mal é insanidade, pois aquele que espera isso está desejando algo impossível. Mas permitir que os homens se comportem assim uns com os outros e esperar que não façam mal a você, é irracional e tirânico.

19

Existem quatro principais aberrações da faculdade superior contra as quais você deve estar sempre atento, e quando as tiver detectado, deve eliminá-las no ato, dizendo assim: "este pensamento não é necessário; isto tende a destruir a união social; este que você está prestes a dizer não vem de meus verdadeiros pensamentos" — pois você deve considerar uma das coisas mais absurdas um homem não falar a partir de seus verdadeiros pensamentos. Para a quarta, você deverá se controlar e repreender a si mesmo, pois você estaria permitindo que a sua parte mais divina se tornasse sujeita e detestável àquela parte mais ignóbil de seu corpo, e às luxúrias e concupiscências dela.

20

O movimento em direção à injustiça e à intemperança, e à fúria e à dor e ao medo não passa do ato de alguém que se desvia da natureza. E também quando a faculdade governante está descontente com qualquer coisa que acontece, então também ela deserta seu posto; pois ele é constituído para piedade e respeito aos deuses, não menos do que para justiça.

21

Sócrates costumava chamar as opiniões de muitos pelo nome de lâmias, bichos-papões para assustar crianças.

22

Nem pela escrita nem pela leitura você conseguirá estabelecer regras para os outros antes de primeiro aprender você mesmo a obedecer a essas regras. Muito mais é assim na vida.

23

Quando um homem beija seu filho, disse Epiteto, ele deve sussurrar para si mesmo: "amanhã talvez você morra". Mas essas são palavras de mau agouro. "Nenhuma palavra é palavra de mau agouro", disse Epiteto, "se ela expressa qualquer obra da natureza; ou se fosse assim, também seria uma palavra de mau agouro falar das espigas sendo colhidas".

24

Homem algum pode roubar o nosso livre-arbítrio.

25

Sócrates costumava perguntar: "o que você quer, almas de homens racionais ou irracionais?" Almas de homens racionais. "De que homens racionais? Dos sãos ou dos doentes?" Dos sãos. "Por que então não procura por elas?" Porque as temos. "Por que então vocês brigam e discutem?"

Livro XII

1

Todas aquelas coisas às quais você deseja chegar por uma estrada sinuosa, você pode ter agora; se não as recusar a si mesmo. E isso significa, se você não der atenção a todo o passado, e confiar o futuro à Providência, e conduzir o presente de acordo com a piedade e a justiça. De acordo com a piedade, para que você se contente com a sorte que é atribuída a você, pois a natureza designou-a para você, e para ela. De acordo com a justiça, para que você possa sempre falar a verdade com liberdade e sem disfarce, e fazer as coisas que estão em conformidade com a lei e de acordo com o valor de cada uma delas. E não deixe que a maldade de homem algum o atrapalhe, nem opinião, nem voz, tampouco as sensações da pobre carne que cresceu ao seu redor; pois a parte passiva é que olhará para isso. Se, então, seja qual for o momento em que estiveres perto de sua partida, negligenciando todo o resto, você deve respeitar apenas a sua faculdade governante, e a divindade dentro de si, e, se você tiver medo, não porque em algum tempo deva deixar de viver, mas se tiver medo de nunca ter começado a viver de acordo com a natureza, então você será um homem digno do universo que o produziu e deixará de ser um estrangeiro em sua própria terra natal, de se maravilhar com as coisas que lhe acontecem diariamente como se fossem algo inesperado e de depender de coisas que não estão em seu poder.

2

Aquele que não se preocupa com a pobre carne que o envolve, certamente não se preocupará em ir atrás de roupas, e moradia, e fama, e acessórios externos, e ostentações.

3

São três as coisas das quais você é composto: um corpo frágil, um sopro [de vida] débil, inteligência. Dessas, as primeiras duas são suas, na medida em que é sua obrigação cuidar delas; mas somente a terceira é propriamente sua. Logo, se você se separar de si mesmo, isto é, do seu entendimento, o que quer que os outros façam ou digam, o que quer que você tenha feito ou dito a si mesmo, e quaisquer coisas futuras que o incomodar porque podem acontecer, e tudo o que no corpo que o envolve, ou no sopro [vida], que é por natureza associado ao corpo, está ligado a você independentemente de sua vontade, e quaisquer das quais os turbilhões externos giram ao redor, de modo que o poder intelectual, livre das coisas do destino, possa viver puro e livre por si mesmo, fazendo aquilo que é justo e aceitando tudo o que acontece e dizendo a verdade: se você quer separar, repito, dessa faculdade governante as coisas que estão atreladas a ela pelas impressões dos sentidos, e as coisas do tempo por vir e do tempo que é passado, e farás de si mesmo, como a esfera de Empédocles (495–430 a.C.):

> Em todo redor, e repousando em seu alegre descanso; [...] e se você se esforçar para viver apenas aquilo que de fato é a sua vida, isto é, o presente, você então será capaz de passar aquela parte da vida que permanece com você até a hora de sua morte, livre de perturbações, de modo nobre e em bom favor e harmonia com o espírito que está dentro de você.

4

Muitas vezes me perguntei como é que todo homem ama mais a si do que a todos os outros, mas dá menos valor à sua opinião sobre si mesmo do que às dos outros. Se, portanto, um deus ou um professor sábio se apresentasse a um homem e lhe pedisse para não pensar em nada e designar (nada que ele não expressasse assim que o percebesse), ele não poderia suportar tal situação nem por um único dia. Temos muito mais respeito pelo que nossos vizinhos pensarão de nós do que pelo que pensaremos de nós mesmos.

5

Treine a si mesmo inclusive naquelas coisas que você menos tem esperança de realizar. Pois mesmo a mão esquerda, que é ineficaz para todas as outras coisas por falta de prática, segura a rédea com mais vigor do que a mão direita, pois ela foi treinada para isso.

6

Com respeito àquilo que acontece de acordo com a natureza, não devemos culpar nem os deuses, pois eles não fazem nada de errado, seja voluntária ou involuntariamente, nem os homens, pois eles não fazem nada de errado, exceto involuntariamente. Logo, não devemos colocar a culpa em ninguém.

7

Como é ridículo e estranho o homem que se surpreende com tudo o que acontece na vida!

8

A luz de uma lâmpada brilha sem perder seu esplendor até que tenha se extinguido, e a verdade que há em você, e a justiça e a temperança serão extintas antes de sua morte?

9

Se não é correto, não o faça; se não é verdadeiro, não o diga.

10

Perceba, enfim, que você tem dentro de si algo melhor e mais divino do que as coisas que, por assim dizer, o manipulam como se você fosse um fantoche. O que há agora em minha mente? É medo, ou desconfiança, ou desejo, ou algo do gênero?

11

Em primeiro lugar, não faça nada sem consideração, nem sem um propósito. Em segundo lugar, faça com que seus atos não se refiram a nada mais do que a um fim social.

12

Considere que tudo é opinião, e a opinião está sob o seu poder. Retire, então, quando quiser, essa opinião, e, como um marinheiro que dobrou um promontório, você encontrará calma, tudo estável, e uma baía sem ondas.

13

Em tudo o que você fizer, não faça nada de maneira impensada ou de uma maneira diferente do que a própria justiça não o teria feito; mas, com respeito aos acontecimentos que lhe forem externos, considere que eles acontecem ou por acaso ou de acordo com a providência, e você não deve nem culpar o acaso nem acusar a providência.

14

Quando você estiver incomodado com algo, você se esqueceu disto: que todas as coisas acontecem de acordo com a natureza universal; e se esqueceu disto: que o ato injusto de um homem não lhe diz nada; além disso, você também se esqueceu de que tudo o que acontece e sempre aconteceu da mesma maneira, e, do mesmo modo, sempre acontecerá, e está acontecendo agora em todos os lugares; além disso, você se esqueceu de quão próxima é a ligação de parentesco entre cada homem e toda a raça humana, pois ela é uma comunidade, não de um pouco de sangue ou semente, mas de inteligência. Ademais, você se esqueceu também de que a inteligência de cada homem é um deus e uma exalação da divindade; e se esqueceu ainda de que nada pertence a um homem, mas que tanto seu filho quanto seu corpo e a sua própria alma vieram da divindade; esqueceu-se ainda de que tudo é opinião; e, finalmente, se esqueceu de que cada homem vive apenas o presente, e é só isso o que ele perde.

15

Em suma, pense na ansiosa busca por qualquer coisa associada ao orgulho; e no quão sem valor as coisas são após os homens se esforçarem violentamente por elas; e no quão mais filosófico é para um homem mostrar-se justo, temperado, e obediente aos deuses, diante das oportunidades que lhe são apresentadas, e fazer isso com toda a simplicidade: pois o orgulho que se orgulha de sua falta de orgulho é o mais intolerável de todos.

16

Quão pequena é a porção do tempo infinito e incomensurável designada a cada um dos homens? Pois logo ela é engolida pela eternidade. E quão pequena é uma parte de toda a substância? E quão pequena é a parte da alma universal? E sobre que pequeno torrão de toda a terra você rasteja? Quando refletir sobre tudo isso, não considere nada grandioso, exceto agir da maneira que a sua própria natureza o conduzir, e suportar aquilo que natureza comum traz.

17

Homem, você tem sido um cidadão deste grande Estado que é o mundo: que diferença faz para você se o foi por cinco anos ou três? Pois o que está de acordo com as leis é justo para todos. Onde está o sofrimento, então, se não foi nem um tirano nem um juiz injusto que o expulsou deste Estado, mas a natureza que o trouxe para ele? O mesmo como se um pretor que contratou um ator o expulsasse do palco. "Mas eu não terminei os cinco atos, somente três deles". Disse-o bem, mas na vida os três atos são todos o drama; pois o que determina um drama completo é aquele que em um momento foi a causa da sua composição, e, agora, de seu encerramento; mas você não é a causa de nenhum dos dois. Parta então satisfeito, pois aquele que o mandar embora também está satisfeito.

Acompanhe a LVM Editora nas Redes Sociais

f https://www.facebook.com/LVMeditora/

◉ https://www.instagram.com/lvmeditora/

Esta obra foi composta pela Spress em
Baskerville (texto) e Georgia (título) e impressa em Pólen 80g.
pela Edigráfica para a LVM em fevereiro de 2022.